Franca Mangiameli

DAS GROSSE LOGI KOCHBUCH.

120 raffinierte Rezepte zur Ernährungsrevolution von Dr. Nicolai Worm.

INTERVIEWS UND GRUNDLAGEN RUND UM DIE LOGI-METHODE.

REZEPTE UND LOGI-TIPPS

INHALT:

DAS GROSSE LOGI-KOCHBUCH

VORWORT

VON FRANCA MANGIAMELI

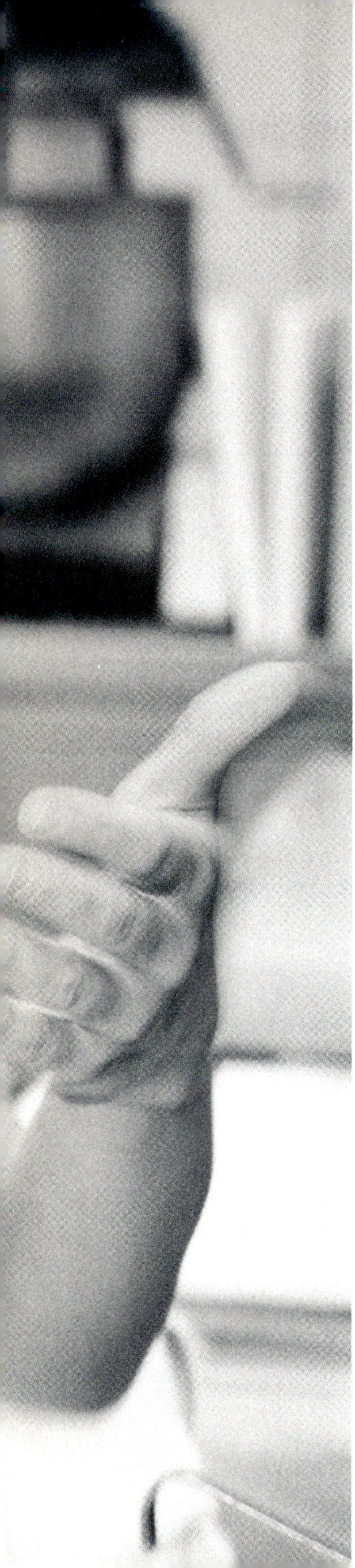

Als Ernährungswissenschaftlerin und Ernährungsberaterin habe ich täglich mit übergewichtigen Menschen zu tun. Die meisten von ihnen haben in der Regel reichlich Diäterfahrung und nicht nur einmal mit dem unliebsamen Jojo-Effekt Bekanntschaft gemacht.

Viele von ihnen fragen sich, was sie eigentlich falsch machen, dass sie die Normalfigur nicht mehr erreichen, sondern immer schwerer werden. Machen sie irgendetwas grundsätzlich falsch?

Die Ernährungsprotokolle, die meine Patienten im Rahmen der Ernährungsberatung ausfüllen, zeigen, dass viele von ihnen eine regelrechte Fettphobie ausleben. Ihre Konzentration hinsichtlich gesunder Ernährung ist meist auf das Vermeiden von Fett gerichtet – sie essen Light-Produkte von Magerquark über entrahmte Milchzubereitungen und fettarmen Käse bis zu fettfreien Knabbereien, Eissorten oder Salatdressings. Dem Zuckerkonsum schenken sie meist keine Aufmerksamkeit. So tauchen sehr häufig entrahmte Fruchtjoghurts oder fettfreie Gummibärchen als Ausgleich für den Fettverzicht auf – gewichtige Zuckerbomben, selbst wenn »Diät« draufsteht!

Vielfach greifen die Abnehmwilligen zur Überbrückung des Hungers und aus Zeitmangel zwischendurch zum trockenen Brötchen, zum Butterhörnchen oder zum Müsliriegel. Dieses Schnell-mal-eben-essen solcher zucker- und stärkereichen Fertigprodukte zieht sich nicht selten über den ganzen Tag. Und häufig endet ein Tag, der zum Beispiel mit einem Marmeladenbrot süß begonnen wurde, abends auch wieder süß. Alle, die den ganzen Tag überwiegend von raffinierten Kohlenhydraten leben, kennen in der Regel auch die typischen Folgen: Müdigkeit, Trägheit und ständiger Appetit – oft auf Süßes. Aus ernährungswissenschaftlicher Sicht ist das kein Wunder: Die Kohlenhydrate aus Zucker und Stärke liefern im Grunde nur leere Energie. Und darüber hinaus geht der hohe Kohlenhydratverzehr oft auch noch zu Lasten des Obst-, Gemüse- und Salatverzehrs. Was bedeutet, dass die lebenswichtigen Vitamine und Mineralstoffe Mangelware sind. Deswegen habe ich meinen Patienten immer schon empfohlen, ein Auge auf die Kohlenhydrataufnahme zu haben.

Mein Weg zu LOGI

Eines Tages empfahl mir eine Freundin, ebenfalls Ernährungswissenschaftlerin, das Buch »Syndrom X« von Dr. Nicolai Worm zu lesen. Mein erster Gedanke war: »Nicht schon wieder so ein Populärwissenschaftler, der nur provozieren möchte und damit die Menschen verunsichert.« Dennoch las ich das Buch und war wider Erwarten begeistert – von seinen Aussagen, von seinen umfassenden Recherchen und der wissenschaftlichen Tiefe des Buchs. Jede relevante Aussage konnte er mit entsprechenden Literaturstellen belegen. Dass Nicolai Worm in vielen seiner Bücher ausdrücklich vor Ernährungsberatern warnt, konnte mich nicht davon abhalten, Kontakt zu ihm aufzunehmen. Ich wollte mehr über seine Theorien erfahren. Umgehend antwortete er und erzählte mir von seinem neuen Werk »Die LOGI-Methode«. Ich habe es in einem Rutsch verschlungen, und seither stehen wir in ständigem Kontakt und tauschen unsere Erfahrungen aus Praxis und Wissenschaft aus. Ich schätze Nicolai Worm sehr, insbesondere weil er sich stets treu geblieben ist, den Fragestellungen auf den Grund geht und nicht einfach ungeprüft Meinungen oder Positionen von so genannten Autoritäten übernimmt. Seit zehn Jahren warnt er nun schon vor den Folgen der kohlenhydratliberalen Ernährungsweise – doch erst jetzt wird er angehört. Er ist im Gegensatz zu anderen Ernährungsexperten standhaft in seinen Aussagen und springt nicht von einem fahrenden Zug auf den nächsten – genau das macht ihn so glaubwürdig.

Meine Praxiserfahrungen mit LOGI

Seitdem ich mich mit Unterstützung von Dr. Worm immer mehr mit LOGI und anderen kohlenhydratreduzierten Kostformen auseinandersetze, bin ich überzeugt, dass dieser alternative Ernährungsansatz für viele den Ausweg aus dem Diätendschungel bedeuten könnte. Vor allem für Patienten, die schlecht mit den bisherigen Maßnahmen abnahmen oder die eine Kohlenhydratempfindlichkeit zeigten. Die Erfahrungen mit der LOGI-Pyramide bestätigen meine eigene Überzeugung, dass Kohlenhydrate bei erhöhtem Verzehr eine geradezu heimtückische Wirkung auf den Stoffwechsel haben. Und desto eindringlicher »warne« ich seitdem vor einem übermäßigen Stärke- und Zuckerkonsum. Anfänglich fällt vielen meiner Patienten die Umstellung schwer, besonders denjenigen, die gerne Brot, Kartoffeln und Nudeln essen. Doch bald merken selbst diese, dass weniger Zucker und Stärke zugunsten von mehr Fett und Eiweiß nicht nur lang anhaltend satt macht, sondern auch mit weniger Verlangen nach Süßem einhergeht.

Ein Mut machendes Beispiel

Und siehe da, das Erfolg versprechende Konzept zeigte in der Praxis seine Wirkung. Zum Beispiel bei meinem Patienten Michael. Als er das erste Mal bei mir war, wog er 155 Kilo. Er erzählte mir von seinen unzähligen Diäterfahrungen, die überwiegend auf Low-Fat-Methoden basierten: »Immer durfte ich nur dieses fettarme Zeug essen, dabei hat es mir doch oft gar nicht geschmeckt.« Mir war gleich klar, wieso er sein Gewicht langfristig nicht senken konnte: Keine Ernährung oder Diät, bei der das Essen nicht schmeckt, kann auf Dauer eine erfolgreiche Gewichtsreduktion erzielen. Außerdem steigt nach jeder kurzfristigen Reduktionsdiät das Gewicht wieder an, sobald man wieder »normal« isst. Meist sogar über das Ausgangsgewicht hinaus – das kennt jeder als so genannten Jojo-Effekt. Auch Michael hat diese Erfahrung immer wieder machen müssen. Nach jeder seiner Low-Fat-Diäten zeigte die Waage ein paar Pfunde mehr an und er brauchte noch weitere Hosen.

Darunter litt seine Motivation und seine Frustration wuchs und wuchs. Ich berichtete Michael von den neuen Erkenntnissen und welche Erfahrungen man in den USA mit der Ernährung nach der LOGI-Pyramide gemacht hatte. Da ihm die empfohlene Lebensmittelauswahl sehr zusagte, beschloss er, die Wirkung einer kohlenhydratreduzierten Kost zu testen. Um eine sichere Orientierung für seine neue Ernährung zu gewährleisten, entwickelte ich einen Ernährungsplan. Zunächst plante ich morgens, mittags und abends noch eine kleine Portion Getreide ein, um nicht zu radikal mit der gewohnten Ernährung zu brechen. Doch von Anfang an war meine Empfehlung, die Sättigungsbeilagen nach und nach vor allem beim Mittagessen durch Gemüse oder Salat zu ersetzen. »Ich verzichte gerne auf Kartoffeln, aber nicht auf mein Steak. Ich bin eben ein Fleischesser,« freute er sich.

Der neue Ernährungsplan kam ihm sehr entgegen und das gesunde Essen schmeckt ihm wieder. Seine Erfolge können sich sehen lassen. Seit neun Monaten isst er schon nach der LOGI-Methode, so lange hat er zuvor noch keine »Diät« durchgehalten. »Ich esse viel mehr Obst und Gemüse, achte auf eine gute Fettqualität, esse mit absolutem Genuss mein Steak und gönne mir sogar hin und wieder ein Glas Wein oder Bier. Damit habe ich jetzt 15 Kilo abgenommen!« Ein weiterer wichtiger Aspekt waren Michaels Blutwerte. Diese haben sich dank der kohlenhydratreduzierten Kost verbessert. Die Konzentration des guten Cholesterins (HDL) ist angestiegen, die des schlechten Cholesterins (LDL) ist gesunken. Theoretisch ist dieser Effekt zwar belegt, aber für mich war es dennoch überraschend, dass auch der Harnsäurewert trotz des Verzehrs von größeren Fleischmengen leicht gesunken ist.

Am Beispiel von Michael wird deutlich, wie wichtig es ist, die eigenen Bedürfnisse und Vorlieben gerade auch beim Essen zu berücksichtigen. Mag sein, dass er mit den Low-Fat-Diäten sein Gewicht zunächst reduzieren konnte. Aber lange hat er keine dieser Diäten durchgehalten. Jetzt, wo es ihm wieder schmeckt, isst er sich glücklich und mit Genuss satt und nimmt dabei sogar noch ab! Im Rahmen der Ernährungsberatung werde ich sehr häufig von Patienten nach kohlenhydratreduzierten Rezepten gefragt, die schmecken, in das LOGI-Konzept passen und einfach nachzukochen sind. Das brachte mich auf die Idee, ein Kochbuch mit vielen leckeren und abwechslungsreichen Rezepten zu entwickeln, die jedermann und bei jeder Gelegenheit nachkochen kann.

Das Highlight des Kochbuchs sind die vielen leckeren Rezepte verschiedener Sterne-Köche, wie Alfons Schuhbeck, Vincent Klink, Christian Henze, Ralph Zacherl und Andreas Gerlach. Ich bin sehr glücklich darüber, sie als Co-Autoren für mein Kochbuch gewonnen zu haben. Besonders spannend war es für mich, ihnen beim Nachkochen der Rezepte über die Schulter zu schauen. Dabei habe ich mir noch viele Tipps und Tricks beim Zubereiten der Speisen abgucken können. Besonders erstaunt war ich darüber, wie einfach viele ihrer Gerichte zuzubereiten sind, die auf dem Teller dann so viel hermachen und den Gaumen verwöhnen. Die Gerichte der Sterne-Köche sind mit wenig Aufwand nachzukochen!

Ich wünsche Ihnen viel Spaß beim Lesen, Nachkochen und Genießen!!

Ihre Franca Mangiameli

VORWORT

VON FRANCA MANGIAMELI

WARUM WIR IMMER DICKER WERDEN...

Warum wir immer dicker werden – ein kurzer Blick in die Vergangenheit. **Vor vielen tausend Jahren wurden die Grundlagen unseres Stoffwechsels angelegt: was uns gut bekommt und gesund hält und wie der Körper mit Energieüberschuss und Nahrungsmittelknappheit umgeht.**

Es ist nun 50 Millionen Jahre her, da haben sich unsere ältesten Vorfahren noch von Insekten, Früchten und Blättern ernährt. Während der Eiszeit aßen sie dann überwiegend Fleisch, denn in der Kälte konnte nur wenig Pflanzliches gedeihen. Häufig herrschte Hungersnot vor, überleben konnte nur, wer etwas Speck auf den Rippen hatte. Fettpolster schafften Überlebensvorteile! Der Körper lernte, sparsam mit seinen Reserven umzugehen. Wenn es nichts zu essen gab, schaltete er einfach auf sein Öko-Programm um. Er senkte seinen täglichen Energiebedarf und legte die so eingesparte Energie in Form von Fett in den Körperfettdepots an, um möglichst lange davon zu zehren. Dieser Überlebensmechanismus ist bis heute fest in unseren Genen programmiert. Wie schreibt Nicolai Worm so schön, »wir leben mit unseren Steinzeit-Genen in einer High-Tech-Welt.« Doch bei unserem bequemen Lebensstil erweisen sich diese Schutzmechanismen nicht mehr als Überlebensvorteil, sondern vielmehr als lebensverkürzendes Erbe.

Und was kam damals auf den Teller? Unsere jagenden und sammelnden Vorfahren ernährten sich nach heutigen Erkenntnissen überwiegend von tierischer Nahrung, Pflanzliches spielte eine Nebenrolle.

Das Fleisch der Wildtiere war sehr mager, die Fettaufnahme war moderat und der Eiweißanteil relativ hoch. Die Qualität der Fette war sehr, sehr gut, denn das Fleisch lieferte überwiegend einfach und mehrfach ungesättigte Fettsäuren. Der Kohlenhydratanteil war gering. Beeren, Früchte, Wurzeln und die anderen verzehrten Pflanzenteile enthalten kaum Stärke oder Zucker, dafür sind sie ballaststoff- und vitaminreich. War diese Ernährung der Grund dafür, dass die Steinzeitmenschen weder chronische Erkrankungen noch Übergewicht kannten?

Sie nahmen pro Tag im Schnitt 40–50 Energieprozent Fett, etwa 30 Energieprozent Eiweiß und 20 bis maximal 30 Energieprozent Kohlenhydrate auf.

Heute wird eine Nährstoffzusammensetzung von 55 Energieprozent Kohlenhydrate, maximal 30 Energieprozent Fett und nur 15 Energieprozent Eiweiß empfohlen. Das würde Zivilisationsleiden wie Diabetes mellitus Typ 2 oder Übergewicht vorbeugen. Der Irrglaube hat sich durchgesetzt, dass Fette allein die Übeltäter für diese Volkskrankheiten sind. Doch mal ehrlich, was haben diese Empfehlungen gebracht? Nichts! Die Menschen sind weder schlanker noch gesünder geworden. 50 Prozent der Frauen und 67 Prozent der Männer in Deutschland sind übergewichtig, und unter uns leben etwa 6,3 Millionen Diabetiker. Wohlgemerkt nur in den Industrienationen! Bei Naturvölkern sind solche Wohlstandskrankheiten unbekannt. Unser moderner Lebensstil verträgt sich nicht mit der Programmierung unserer altmodischen Gene!

Und nicht nur wegen der schlechteren Qualität unserer Nahrung. Unser Alltag wird von Stress und Hektik bestimmt, meist fällt sogar das Essen dem Wettlauf mit der Uhr zum Opfer.

Jeder kennt solche oder ähnliche Situationen: Sie haben einen stressigen Job, sitzen zum Beispiel den ganzen Tag vor dem PC, und an eine längere Mittagspause ist oft nicht zu denken. Darum holen Sie sich schon morgens auf dem Weg ins Büro zwei belegte Brötchen beim Bäcker – Ihr Mittagessen. Diese essen sie, während Sie am PC arbeiten, einfach nebenbei – Ihre Konzentration gilt dabei voll und ganz Ihrer Arbeit. Sie verschlingen also das erste Brötchen und greifen völlig automatisch zum zweiten, essen es wiederum völlig teilnahmslos. Würde man Ihnen noch ein drittes Brötchen hinlegen, würden Sie es wahrscheinlich auch noch verzehren, ohne weiter darüber nachzudenken, ob Sie eigentlich noch hungrig sind. Sogar Kindern, die eigentlich noch über ausgeprägte Instinkte verfügen, geht es manchmal ähnlich! Während sie vor der Flimmerkiste sitzen, reißen sie sich eine Tüte Chips auf und legen diese erst zur Seite, wenn sie leer ist. Ihre Verwunderung zeigt sich dann in den fassungslosen Blicken: »Wie schon leer?«

Solche typischen Alltagssituationen haben unliebsame Folgen: Wir essen mehr, vor allem mehr Kohlenhydrate. Denn diese sind in schnellen Snacks reichlich enthalten.

Aber ganz ehrlich, wir (ver-) brauchen diese ganzen Kohlenhydrate nicht! Kaum einer arbeitet körperlich so hart, dass schnelle Energielieferanten erforderlich sind. Nicht einmal die Kinder verausgaben sich beim Spielen und Toben körperlich. Statt nebenbei zu essen, sollten wir die Mahlzeiten wieder genießen, im Kreis der Familie zelebrieren!

Gemein: Abnehmen ist nicht vorgesehen. Und der Mangel an Bewegung macht die Situation noch auswegsloser, ein Teufelskreis!

Die Nachteile unseres altgedienten Stoffwechselsystems kommen beim Abspecken besonders zum Tragen. Wer sich kasteit und einfach nichts oder nur wenig isst, muss mit den Konsequenzen leben: Der Körper arbeitet sparsamer und bunkert Kalorien in Form von Fett – für Notzeiten. So verlangsamt jede Reduktionsdiät unseren Stoffwechsel. Infolgedessen müssen Diätgestörte nach jeder Reduktionsdiät weniger essen, um ihr Gewicht halten zu können. Abnehmen werden sie dabei kein Gramm, im Gegenteil, nur eine Scheibe Brot zu viel und sie nehmen eher zu. Die Menschen werden durchs Abnehmen immer dicker.

Die Lösung scheint einfach und ist zum Greifen nahe: »Artgerechte« Ernährung und eine Steigerung der körperlichen Aktivität. Diese Erkenntnis ist nun wirklich nicht neu. Doch die Umsetzung in die Realität fällt vielen so schwer. Statt Fettpolstern durch schweißtreibende Übungen den Garaus zu machen, lässt man diese beim Schönheitschirurgen einfach absaugen. Doch die beste Fettabsaugung nützt nichts, wenn die alten Lebensgewohnheiten beibehalten werden. Der Körper setzt dann zwar in der Tat keinen Speck mehr an den Hüften an – dafür aber am Bauch. Und das Bauchfett ist für die Gesundheit noch viel bedrohlicher! Es erhöht das Risiko für Diabetes mellitus Typ 2 und Herz-Kreislauf-Erkrankungen. Der Trend, sich Schlankheit zu erkaufen, ist nicht die Lösung für ein langfristig gesundes und schlankes Leben! Deswegen LOGI. Wer also wirklich etwas für sich und seine Gesundheit tun möchte, sollte seine Lebensweise den Wünschen der Gene anpassen. Hierzu zählen Bewegung und eine LOGIsch-gesunde Ernährung.

WARUM WIR IMMER DICKER WERDEN...

Was ist LOGI? LOGI steht für »Low Glycemic and Insulinemic Diet«. Was auf Deutsch soviel heißt wie »Ernährungsmethode zur Förderung eines niedrigen Blutzucker- und Insulinwertes«. Im Klartext: Die Mahlzeiten nach der LOGI-Methode lassen den Blutzuckerspiegel und die Insulinausschüttung nur in geringem Maße ansteigen.

Das ursprüngliche Ernährungskonzept zur LOGI-Pyramide wurde von dem Endokrinologen Prof. Dr. David Ludwig an der Harvard-Universität in Boston entwickelt und vorgestellt. Der Ernährungswissenschaftler Dr. Nicolai Worm hat auf dieser Basis ein Konzept erarbeitet, das auf unsere Gewohnheiten der täglichen Ernährung zugeschnitten ist. Die LOGI-Methode nach Nicolai Worm garantiert eine größtmögliche Sättigung und eine Optimierung der Nährstoffzufuhr.

Das Einzigartige und Sensationelle an LOGI ist, dass diese Methode im Grunde alle sinnvollen und vorteilhaften Aspekte populärer Diäten wie der Atkins- oder der GLYX-Diät vereint. Dabei vermeidet sie deren Ungereimtheiten, überflüssige Komplikationen und Risiken. Die LOGI-Methode ist eine moderne Adaption der Ur-Ernährung des Menschen. Zudem ist sie ganz einfach umzusetzen. Sie beschränkt sich auf reine Lebensmittelempfehlungen. Sie erfordert weder die Berechnung von Kalorien, noch von Nährstoffrelationen oder das Einhalten strenger Diätphasen mit unterschiedlichen Nahrungsmitteln.

Dr. Nicolai Worm widmete sich nach dem Studium der Oecotrophologie in München und Gießen schwerpunktmäßig dem Bereich »Ernährung und Herzinfarkt«. Durch seine kritische Position in der Cholesterin- und Fettdiskussion und durch seine Lehrtätigkeit im Bereich Sporternährung machte er sich schon bald einen Namen in der Fachwelt. Nicolai Worm ist der Begründer der LOGI-Ernährung in Deutschland. Behutsam und mit viel Sachkenntnis passte er die revolutionäre LOGI-Pyramide und die zugrunde liegenden Forschungsergebnisse der Harvard University in Boston an die Ernährungssituation in Europa an.

INTERVIEW
MIT DR. NICOLAI WORM

Franca Mangiameli: In Ihrem Buch »Diätlos glücklich« vermittelten Sie den Lesern noch, dass Sie bisher keinen wissenschaftlich gesicherten Weg für eine dauerhaft erfolgreiche Gewichtsreduktion finden konnten. Ist die neu entwickelte LOGI-Methode endlich die Lösung für ein gesünderes, schlankeres Leben?

Nicolai Worm: Eindeutig ja! Ich hatte es selbst nicht für möglich gehalten, dass ich mein Gewichtsproblem tatsächlich noch einmal in den Griff bekommen würde – noch dazu ohne zu hungern. Inzwischen weiß ich, dass es nicht nur mir so erging. Ich habe in den letzten zwölf Monaten Hunderte von E-Mails und Briefen von LOGI-Anwendern erhalten, die gleiche oder ähnliche Erfahrungen gemacht haben und sich bei mir bedankten: für ein LOGI-Konzept, nach dem man mit viel Genuss und gesundheitlichen Verbesserungen abnimmt.

F. M.: Wie haben Sie LOGI entdeckt?

N. W.: Ich habe in den Jahren 1999 und 2000 Unmengen von wissenschaftlichen Arbeiten zum Thema Übergewicht und Stoffwechselerkrankungen kritisch studiert. Aus den damals vorliegenden Studienergebnissen habe ich dann eine Reihe von Ernährungsempfehlungen abgeleitet (siehe in »Syndrom X oder Ein Mammut auf den Teller!«). Kurz darauf fand ich in einer aktuellen Veröffentlichung der Harvard-Universität die Darstellung einer neuen Ernährungspyramide. Diese neue LOGI-Pyramide ist speziell für die Bedürfnisse Übergewichtiger mit Stoffwechselstörungen entwickelt worden.

Bei näherer Betrachtung fiel mir auf, dass sie meine eigenen Empfehlungen im Syndrom X grafisch widerspiegelt. Deswegen habe ich sofort Kontakt zum Autor Prof. David Ludwig aufgenommen, und er war einverstanden, dass ich diese Pyramide unter Angabe der Quelle ebenfalls verwende.

Da diese Pyramide allein für viele Menschen nicht ausreicht, um die Empfehlungen erfolgreich in die Praxis umzusetzen, habe ich ein weiteres Buch geschrieben: Die LOGI-Methode – glücklich und schlank. Ein praxisorientiertes Buch mit allen wesentlichen Informationen, mit differenzierten Empfehlungen, konkreten Tipps für die Ernährung im Alltag und Rezepten.

F. M.: Können Sie vielleicht ganz kurz zusammenfassen, auf welchem Prinzip LOGI basiert, und warum diese Methode so erfolgreich ist?

N. W.: Charakteristisch für die LOGI-Methode ist zum einen die Bevorzugung von Lebensmitteln mit niedrigem glykämischem Index. LOGI fordert darüber hinaus auch eine deutliche Senkung der Kohlenhydrataufnahme. Was allerdings nicht bedeutet, dass man vollständig auf Kohlenhydrate verzichten sollte. LOGI ist sozusagen eine sanfte Low-Carb-Ernährung! Das Gute daran: Der Blutzuckerspiegel bleibt relativ stabil, größere Blutzuckerschwankungen oder gar gefürchtete Blutzuckerspitzen werden durch diese Ernährung vermieden. Und ein solcher Blutzuckerverlauf zieht eine bessere Sättigung nach sich und bringt zudem viele gesundheitliche Vorteile mit sich. Zum Beispiel werden die Blutfettwerte besonders effektiv gesenkt und der Bildung von Fettdepots wird wirkungsvoll vorgebeugt.

F. M.: Sie haben vor vielen Jahren schon gesagt, die menschlichen Gene seien auf ein Essen und Trinken, wie es in den Industrieländern stattfindet, schlecht vorbereitet. Dabei würde uns insbesondere der hohe Kohlenhydratkonsum zum Verhängnis.

N. W.: Richtig, und der Bewegungsmangel. Fleisch war in der Evolution der Homo sapiens über hunderttausende von Jahren die dominierende Nahrungsquelle. Kohlenhydrate hingegen waren immer knapp. Der Mensch ist ideal ausgestattet, um in einer kohlenhydratarmen Welt zu überleben. Unsere Gene funktionieren immer noch wie zu Urzeiten. Und das bekommt uns heute schlecht, wir tappen immer wieder in die Kohlenhydratfalle: essen zu viel vom Falschen und bewegen uns gleichzeitig kaum noch. Die Strafe folgt auf dem Fuße, in Gestalt von Übergewicht, Metabolischem Syndrom und Diabetes Mellitus Typ 2.

F. M.: Wie in »Diätlos glücklich« zu lesen ist, hatten Sie als Kind selbst Gewichtsprobleme. Was haben Sie alles probiert, um Ihr Gewicht zu reduzieren? Und welche Rolle spielt LOGI dabei?

N. W.: Eigentlich habe ich die typische Karriere eines essgestörten jungen Mannes hinter mir: Es ging mit Abführmitteln los, dann kamen die Appetitzügler dazu und schließlich auch noch Fress-Brech-Anfälle. Und dennoch bin ich immer dicker geworden. Es war einfach schrecklich.

F. M.: Wie viel haben Sie durch LOGI abgenommen?

N. W.: Ich habe ganz ehrlich keine Ahnung. Ich stelle mich schon seit vielen Jahren auf keine Waage mehr. Inzwischen bedauere ich das, weil ich so gar keine Vorstellung habe, wie viele Kilos es gewesen sein könnten. Ich weiß nur, dass meine Lieblingsanzüge, die ich vor einem Jahr bereits zum zweiten Mal enger machen ließ, schon wieder zu weit geworden sind...

F. M.: Die LOGI-Methode empfiehlt, den Kohlenhydratverzehr einzuschränken, das führt unweigerlich zum Vergleich mit der Atkins-Diät. Diese in den 70-er Jahren entwickelte Diät basiert auf der Ansicht, dass Kohlenhydrate dick machen. Atkins strich die Kohlenhydrate deswegen von der Speisekarte. Stattdessen erlaubte er, nach Belieben fettreiche Nahrungsmittel zu essen. Kritiker bemängeln die Einseitigkeit dieser traditionellen Atkins-Diät, und dass dabei zu wenige Ballaststoffe zugeführt werden. Gilt dasselbe nicht auch für die LOGI-Methode?

N. W.: Die LOGI-Methode ist besser und sicherer als diese Atkins-Diät! Sie umfasst die Vorzüge von Atkins, meidet aber deren Risiken und Beschränkungen! Die LOGI-Methode erlaubt im Gegensatz zu Atkins auch Obst in relativ großer Menge. Ja, selbst Vollkornprodukte oder Pasta aus Hartweizengrieß werden in geringen Mengen empfohlen. LOGI kommt im Gegensatz zu Atkins ohne Verbote aus. Die weit höhere Liberalität und Flexibilität fördert die Lebensqualität. Und darüber hinaus gewährleistet sie die adäquate Versorgung mit Vitaminen, Mineralien, Ballaststoffen und Basenbildnern. Diese Aspekte werden bei der Atkins-Diät mit Recht sehr kritisch bewertet. Und LOGI legt im Gegensatz zur Atkins auch einen großen Wert auf eine optimierte Fettqualität, um die Herz-Kreislauf-Gesundheit langfristig optimal zu fördern. Sie empfiehlt den Fettbedarf primär durch Konsum von Ölen mit hohem Anteil an einfach ungesättigten Fettsäuren zu decken und auf eine erhöhte Zufuhr von Omega-3-Fettsäuren zu achten. Deswegen ist LOGI auch keine kurzfristig angelegte Diät, sondern eine gesunde, »artgerechte« Dauerernährung.

F. M.: Auch die scheinbare Ähnlichkeit der LOGI-Methode und der GLYX-Diät führt immer wieder zu Verwirrung. Unterscheiden sich die Empfehlungen? Und wenn ja, wie grenzen sich diese beiden Ernährungsweisen voneinander ab?

N. W.: Die LOGI-Methode ist eine kohlenhydratreduzierte Ernährungsweise und unterscheidet sich damit deutlich von der GLYX-Diät – und ebenfalls von der Montignac-Methode. Denn diese beiden Kostformen propagieren im Prinzip kohlenhydratreiche Kostformen. Allerdings stellen sie dabei die Kohlenhydratqualität im Sinne der Blutzucker- und Insulinreaktion in den Mittelpunkt des Interesses! Damit vermitteln sie längst überholtes Wissen.

Schon seit Jahren ist wissenschaftlich belegt, dass der GLYX, eine populäre Abkürzung für »glykämischer Index«, nur die halbe Wahrheit darstellt. Denn neben der Qualität kommt es vielmehr auch auf die Quantität der Kohlenhydrate an! Also auf die glykämische Last der über den Tag verzehrten Kohlenhydrate. Für bestmögliche Stoffwechseleffekte und eine erfolgreiche Gewichtskontrolle sollte die Zufuhr von Kohlenhydraten insgesamt gesenkt werden. Deshalb ist es nachweislich falsch, solche Lebensmittel mit mittlerem GLYX, wie Vollkornbrot, braunen Reis oder italienische Pasta, als Fatburner zu bezeichnen. Denn viel Vollkornbrot liefert im Endeffekt auch viel Stärke! Deren Verzehr verursacht die Ausschüttung von reichlich viel Insulin – unserem »Mast-

hormon«. Deswegen muss auch der Konsum dieser Stärkequellen gesenkt werden, um die Ziele optimal zu erreichen.

F. M.: Verzichten Sie denn komplett auf Kartoffeln, Nudeln und Brot?

N. W.: Nein! Ich verzichte grundsätzlich auf gar keine Lebensmittel. Doch seit meiner Ernährungsumstellung im Sinne von LOGI habe ich immer seltener Appetit auf kohlenhydratreiche Nahrungsmittel. Oft sind diese Lebensmittel ja auch nicht gerade von besonderer Qualität oder intensivem Geschmack. Doch ein echtes, verführerisches Vollkornbrot oder kross gebackene Ofenkartoffeln in Olivenöl und Rosmarin können mich schon verlocken. Ich genieße dann auch eine kleine Portion davon.

F. M.: Die LOGI-Pyramide stellt die bisherigen, etablierten Empfehlungen quasi auf den Kopf. Fällt es Ihnen schwer, das zu rechtfertigen?

N. W.: Die Ernährungsempfehlungen, die Fachgesellschaften wie die Deutschen Gesellschaft für Ernährung (DGE) seit Jahrzehnten fast unverändert verbreiten, waren in Expertenkreisen immer schon umstritten. Inzwischen festigt sich der Verdacht, dass die geforderte Reduktion des Verzehrs von Fett und tierischen Nahrungsmitteln bei gleichzeitig hohem Konsum von Kohlenhydraten die Entwicklung von Übergewicht geradezu fördert. Und in der direkten Folge auch die Zunahme von Zivilisationskrankheiten wie zum Beispiel Diabetes mellitus Typ 2.

Nachdem die alten Empfehlungen jahrelang heftig kritisiert wurden, haben das US-Landwirtschafts- und Ernährungsministerium und die US-Gesundheitsbehörden kürzlich in gewisser Weise eingestanden, dass die klassische Ernährungspyramide wissenschaftlich nicht mehr haltbar ist: Sie haben für das Jahr 2005 eine komplett überarbeitete Pyramide und die entsprechende Überarbeitung der offiziellen Ernährungsempfehlungen angekündigt.

Da solche Ernährungsempfehlungen nicht nur dem Erkenntnisstand der Wissenschaft folgen, sondern dabei auch viele politische und marktorientierte Interessen einfließen, erwarte ich keine revolutionären Veränderungen. Aber der Umbruch wird deutlich werden – und er wird in Richtung der LOGI-Pyramide ausgerichtet sein, die von Endokrinologen an der Harvard-Universitätsklinik erstmals beschrieben wurde. Diese ist frei von wirtschaftlichen Interessen und bezieht alle relevanten Erkenntnisse der letzten Jahre mit ein!

F. M.: Der Erfolg der LOGI-Pyramide ist also wissenschaftlich bewiesen?

N. W.: Ja! In Dutzenden von Stoffwechselstudien haben sich sämtliche Teilaspekte der Ernährung nach der LOGI-Pyramide als effektiv wirksam erwiesen. Und in epidemiologischen Studien hat sich die Relevanz der Ernährungsumstellung für die Gesundheit untermauern lassen. Die LOGI-Methode als definierte Einheit wurde bereits vor einigen Jahren – erstmalig in der Adipositas-Ambulanz der Harvard-Universitätsklinik –

mit überwältigendem Erfolg eingesetzt. In Deutschland haben die ersten REHA-Kliniken (siehe Interview mit Dr. Heilmeyer, Seite 26) ihre Speisepläne nach der LOGI-Pyramide umgestellt. Mit beachtlichen Resultaten!

F. M.: Bei allen gesundheitlichen Vorteilen, bietet die LOGI-Methode denn auch lustvollen Genuss?

N. W.: Aber natürlich! Sie kennt keine Verbote, nur eine Gewichtung von Lebensmittelgruppen. Die beiden unteren Stufen der LOGI-Pyramide mit den Lebensmitteln, die bevorzugt verzehrt werden sollen, sind wie geschaffen dafür, die riesige Palette an mediterranen Gerichten ohne Einschränkungen zu genießen: Obst, Beeren, Gemüse, Salate, Avocados, Nüsse, Öle, Hülsenfrüchte, Fleisch, Geflügel, Eier, Fisch und Meeresfrüchte. Nur die Portionen stärkereicher Sättigungsbeilagen sollten entsprechend kleiner ausfallen. Deshalb kann man die LOGI-Methode auch als »modifizierte mediterrane Ernährung« bezeichnen.

F. M.: Apropos mediterran: Sind denn in den Mittelmeerländern zum Beispiel in Italien, wo Pasta und Pizza Nationalgerichte sind, nicht noch mehr Übergewichtige und Diabetiker zu finden?

N. W.: Bis vor einigen Jahren war der Lebensstil in vielen südeuropäischen Gebieten noch von Armut und landwirtschaftlicher Arbeit mit relativ hohem körperlichem Einsatz geprägt. Es gab nicht immer reichlich zu essen, und außerdem wurden die Kalorien wieder abgearbeitet. Doch mittlerweile haben auch diese Gebiete den Lebensstandard anderer westeuropäischer Länder erreicht. Sie bewegen sich auch nicht mehr so viel wie früher, essen aber weiterhin Pasta, Polenta und Pizza. Mit offensichtlichen Folgen: Seitdem verbreitet sich auch in diesen Ländern Übergewicht wie eine Epidemie – besonders krass bei Kindern und Jugendlichen.

F. M.: Wie lange wird es dauern, bis sich Erfolge einstellen, wenn ein übergewichtiger Mensch sich für die LOGI-Methode entscheidet, um abzunehmen?

N. W.: Ich kann leider keine pauschalen Aussagen dazu machen. Die Reaktionen sind zu sehr von den individuellen Voraussetzungen abhängig. Aber mit LOGI nimmt niemand rasend schnell ab. Denn ein wichtiges Prinzip ist es, die Kalorienzufuhr nicht strikt zu begrenzen und immer zu essen, wenn man Hunger hat. So nimmt man zwar etwas langsamer ab, aber dafür kommen keine Hungerqualen auf. Die Kostumstellung fällt überhaupt nicht schwer und man muss den Jojo-Effekt nicht fürchten. Nach meiner Erfahrung muss spätestens nach sechs Monaten der Änderungsschneider ran beziehungsweise ist dann der Kauf neuer Kleidungsstücke nötig.

F. M.: Ist die LOGI-Methode die Geheimwaffe für jedermann? Oder würden Sie von Fall zu Fall eine andere Lebensmittel-Gewichtung empfehlen?

N. W.: Jeder kann mit LOGI gut und bedenkenlos leben. Als einzige Ausnahme könnte man Leistungssportler bestimmter Sportarten, Triathleten, Biathleten, Marathonläufer und andere Ausdauersportler, betrachten, die besonders viele Kohlenhydrate benötigen. Und Nierenkranke sollten in jedem Fall auf einen angepassten Eiweißanteil achten und diesen gut kontrollieren.

LOGI AUF EINEN BLICK

LOGI auf einen Blick. Mit Hilfe der LOGI-Pyramide lernen Sie die richtigen Lebensmittel in der richtigen Gewichtung für Ihre neue Ernährungsweise auszuwählen.

Die Basis Ihrer Ernährung bilden Obst, Gemüse und hochwertige Öle. Empfehlung: Zwei Portionen Obst und drei Portionen Gemüse, gekocht, als Rohkost oder Salate, sollten täglich auf ihrem Speiseplan stehen. Verfeinern können Sie alle Gerichte mit hochwertigen Ölen wie Olivenöl und Rapsöl.

Die Eiweißlieferanten, wie mageres Fleisch, Fisch, Milch- und Milchprodukte, Hülsenfrüchte, Eier und Käse gewinnen in der LOGI-Ernährung an Bedeutung. Sie bilden die zweite Stufe der Pyramide. Empfehlung: Kombinieren Sie zu jeder Mahlzeit eine Eiweißkomponente.

Die kohlenhydrathaltigen Lebensmittel, wie Vollkornprodukte wandern in der LOGI-Pyramide weiter nach oben. Das bedeutet, dass sie täglich verzehrt werden können, allerdings in Maßen und unter Berücksichtung der glykämischen Tageslast. Empfehlung: Wenn Sie Lust auf kohlenhydrathaltige Lebensmittel haben, bevorzugen Sie Vollkornprodukte.

Süßes, Weißmehlprodukte, Kartoffeln etcetera stehen an der Spitze der Pyramide. Ihr Verzehr sollte möglichst vermieden werden, da sie den Blutzucker stark erhöhen. Empfehlung: Meiden Sie vor allem fettreiche Süßspeisen oder Mehlgerichte, wie Knödel mit Rahmsoße.

Was LOGI so logisch macht!

Die Ernährung nach der LOGI-Pyramide nimmt Rücksicht auf unsere Gene und entspricht wohl weitgehend einer artgerechten Ernährung, die schon immer eher »low carb«, also kohlenhydratarm war und größere Portionen Eiweiß und Fett als die heute empfohlenen Mengen lieferte. Bei LOGI steht die Wirkung der Lebensmittel auf den Blutzucker im Vordergrund. Lebensmittel, die den Blutzucker nach dem Essen in die Höhe schießen lassen, werden bestenfalls in kleinen Mengen empfohlen. Noch besser ist, wenn zucker- und stärkereiche Nahrungsmittel gemieden werden. Andere Nahrungsmittel, die den Blutzucker nur langsam erhöhen, sind erlaubt. Ob ein Nahrungsmittel den Blutzucker schnell oder langsam ansteigen lässt, gibt der glykämische Index eines Lebensmittels wieder.

Der glykämische Index (GI), im Sprachgebrauch auch GLYX genannt, besagt, wie schnell die Kohlenhydrate eines Lebensmittels den Blutzuckerspiegel nach ihrem Verzehr erhöhen.

INFO INFO INFO INFO

Kategorisierung des GI

Bis 55 = niedriger GI – Lebensmittel mit einem niedrigen glykämischen Index erhöhen den Blutzucker nur langsam.

56–69 = mittlerer GI – Lebensmittel mit einem mittleren glykämischen Index lassen den Blutzucker etwas schneller ansteigen.

70 oder mehr = hoher GI – Lebensmittel mit einem hohen glykämischen Index erhöhen den Blutzucker sehr schnell.

Der glykämische Index eines Lebensmittels ist keine starre Größe, er wird von verschiedenen Faktoren beeinflusst. Zum Beispiel haben Spaghetti einen niedrigen GI von 38, wenn sie nur 5 Minuten gekocht werden. Bei längerer Garzeit von etwa 20 Minuten weisen sie einen ungünstigeren, mittleren GI von rund 61 auf. Das liegt daran, dass die Stärke während des Kochens immer weiter aufgeschlossen wird: je weiter, desto schneller wandern ihre Grundbausteine, Glukose, nach dem Essen ins Blut.

Neben der Garzeit und der Zubereitungsart beeinflusst auch der Ballaststoffgehalt eines Lebensmittels, genauer gesagt einer Mahlzeit den GI. Vollkornspaghetti enthalten beispielsweise mehr Ballaststoffe als »weiße« Spaghetti; und somit auch einen niedrigeren GI, weil die Ballaststoffe die Magenentleerung und damit auch den Blutzuckeranstieg verzögern. Neben Ballaststoffen verzögert auch ein hoher Fettgehalt die Magenentleerung. Entrahmter Fruchtjoghurt hat deswegen einen höheren GI als fettarmer Fruchtjoghurt! Viele weitere Beispiele finden Sie in der Übersicht auf Seite 22. Der glykämische Index ist nur ein Aspekt bei LOGI. Denn als alleiniger Maßstab zur Bewertung eines Lebensmittels hinsichtlich seiner Blutzuckerwirkung reicht er nicht aus. Erst seine bessere Hälfte, die glykämische Last (GL), kann seine Aussagekraft vollenden.

Die GL berücksichtigt neben dem GI auch den Kohlenhydratgehalt eines Lebensmittels – und davon ist letztendlich die erforderliche Insulinmenge zur Senkung des Blutzuckers abhängig! Bevor ich an dieser Stelle weiter auf den GL eingehe, möchte ich Ihnen zum besseren Verständnis einen kurzen Einblick in den Insulinstoffwechsel geben.

Insulin ist ein Hormon. Es wird in der Bauchspeicheldrüse gebildet. Eine seiner wichtigsten Aufgaben ist die Senkung des Blutzuckers nach dem Verzehr einer Kohlenhydratmahlzeit. Somit kommt dem Insulin eine gesundheitsschützende Funktion zu, denn hohe Blutzuckerwerte zerstören auf Dauer unsere Gefäße. Wenn wir zu viele Kohlenhydrate essen, vor allem die aus Weißbrot, Kartoffeln, Nudeln, Chips, Fertiggerichten und anderen Produkten, die schnell ins Blut schießen, muss unsere Bauchspeicheldrüse sehr viel Insulin produzieren, um den Blutzucker wieder zu senken. Muss sie das tagtäglich und immer wieder praktizieren, führt das zu chronisch erhöhten Insulinspiegeln – und diese sind weder für die Gesundheit noch für die Figur gut.

Insulin wird zur tickenden Zeitbombe. Denn Insulin hemmt den Fettabbau in der Muskulatur und erhöht die Fetteinlagerung im Fettgewebe. Bei chronisch erhöhtem Insulinspiegel kann es zu einer Art »Schwächung« dieses Hormons kommen und es kann seine Aufgabe nicht mehr funktionsgerecht erfüllen: Es senkt den Blutzucker nicht mehr wie erforderlich. Ein ununterbrochen hohe Blutzucker veranlasst die Bauchspeicheldrüse zur weiteren Insulinproduktion. Doch auch die Bauchspeicheldrüse stößt irgendwann an ihre Leistungsgrenze und fährt die Insulinproduktion einfach zurück. Infolgedessen bleibt der Blutzucker ständig erhöht, die Zellen reagieren nicht mehr so sensibel auf das Insulin (Insulinresistenz) und es entwickelt sich Diabetes mellitus Typ 2. Wie viel Insulin ausgeschüttet wird, ist letztendlich vom Kohlenhydratgehalt der verzehrten Mahlzeit und von der Sensibilität der Zellen gegenüber dem Insulinsignal abhängig. Die LOGI-Methode berücksichtigt deswegen ergänzend zum glykämischen Index auch die glykämische Last bei der Bewertung der Blutzuckerwirkung eines Lebensmittels. Das macht das LOGI-Konzept rund und in sich logisch!

Glykämischer Index (GI), glykämische Last (GL) und Kohlenhydratgehalt/Portion

Lebensmittel	Portionsgröße in g	KH pro Portion in g	GI	GL pro Portion
Getreide				
Baguette	30	15	95	14
Pumpernickel	40	16	56	8
Weißbrot	30	14	70	10
Brauner Reis	180	40	55	22
Weißer Reis	180	43	64	28
Cornflakes	30	26	81	21
Spaghetti				
5 Min. gekocht	200	53	38	20
20 Min. gekocht	200	49	61	30
Vollkornspaghetti	200	47	37	17
Obst				
Ananas	125	14	59	8
Apfel	125	16	38	6
Erdbeeren	125	3	40	1
Wassermelone	125	6	72	5
Weintrauben, hell	125	19	46	9
Gemüse				
Möhren	150	11	47	5
Kohlrüben	150	10	72	7
Kürbis	150	8	75	6
Rote Bete	150	13	64	8
Hülsenfrüchte				
Weiße Bohnen, gegart	150	31	38	12
Kichererbsen, gegart	150	30	28	8
Linsen, gegart	150	18	29	5
Milch- und Milchprodukte				
Fruchtjoghurt, 0,1%-0,3% Fett, mit Süßstoff	150	11	24	3
Fruchtjoghurt, 0,1%-0,3% Fett, gezuckert	150	23	40	9
Fruchtjoghurt, 1,5% Fett, mit Süßstoff	150	10	14	11
Fruchtjoghurt, 1,5% Fett, gezuckert	150	23	33	8
Vollmilch	150	7	27	2
Knabbereien				
Popcorn	50	28	72	20
Müsliriegel	25	18	61	11
Waffeln	50	19	76	14
Süßungsmittel				
Agavendicksaft	20	16	11	2
Traubenzucker	5	5	99	5
Haushaltszucker	5	5	68	3

Hinweis: In älteren Tabellen werden auch gekochte Möhren noch mit einem hohen GI angegeben. Doch dabei handelte es sich um einen Messfehler, der mittlerweile korrigiert wurde.

Die glykämische Last beseitigt die GLYX-Irrtümer.

Sicherlich sind Sie beim Studieren der Übersicht auf Werte gestoßen, die Sie überrascht haben. So ging es mir auch, als ich die Werte für Wassermelone oder Kürbis zum ersten Mal gesehen habe. Weil diese gesunden Lebensmittel einen so hohen GI haben.

Da fragt man sich doch unwillkürlich, ob man denn wirklich keine Wassermelone mehr essen darf. Zählt sie plötzlich zu den Dickmachern? Nach dem GLYX-Konzept lautet die Antwort ja, nach der LOGI-Methode ist die Antwort nein! Denn es handelt sich dabei um einen typischen GLYX-Irrtum: Das Fruchtfleisch der Wassermelone hat je 100 Gramm einen niedrigen Kohlenhydratgehalt, und man müsste schon untypisch große Portionen davon essen, um eine starke Blutzuckerwirkung zu provozieren. Gleiches gilt für Kürbis und viele andere Lebensmittel, die in der GLYX-Diät unberechtigterweise als Dickmacher verteufelt werden. Entscheidend ist die GL eines Lebensmittels! Die GL ist ein errechneter Wert aus dem GI und dem Kohlenhydratgehalt eines Lebensmittels pro Portion geteilt durch 100. Als Formel stellt sie sich so dar: GL = (GI x Kohlenhydrate (g) pro Portion) : 100.

INFO INFO INFO INFO INFO INFO

Klassifizierung der glykämischen Last

Bis 10 = niedrige GL – Lebensmittel mit einer so niedrigen glykämischen Last enthalten pro Portion eher wenige Kohlenhydrate. Die erforderliche Insulinmenge, um den Blutzucker zu senken, liegt im grünen Bereich.

11–19 = mittlere GL – Lebensmittel mit einer glykämischen Last zwischen elf und 19 enthalten pro Portion eine nicht ideale, aber auch noch nicht zu große Menge Kohlenhydrate. Die erforderliche Insulinmenge, um den Blutzucker zu senken, liegt im gelben Bereich.

ab 20 = hohe GL – Lebensmittel mit einer so hohen glykämischen Last liefern pro Portion relativ viele Kohlenhydrate. Die erforderliche Insulinmenge, um den Blutzucker zu senken, liegt im roten Bereich.

Während der GI ein fester Wert ist, variiert die GL je nach Portionsgröße. Wahrscheinlich haben Sie sich gefreut, als Sie gelesen haben, dass eine Scheibe Weißbrot eine niedrige GL von 10 hat. Das dürfen Sie, gegen eine kleine Scheibe Brot als Beilage ist nichts einzuwenden. Berücksichtigen Sie aber immer was passiert, wenn Sie zwei kleine Scheiben Weißbrot essen: die kohlenhydratabhängige GL verdoppelt sich auf 20 – und das ist (zu) viel.

Die Menge macht's, deswegen kann ein vermeintlicher Schlankmacher schnell zum Dickmacher werden. Gleiches gilt auch für Haushaltszucker, dessen GL auf den ersten Blick niedrig erscheint. Ein Löffelchen mehr davon, lässt den GL rasch ansteigen. Davon nehmen wir am Tag ohnehin meist deutlich mehr auf, als Sie denken, denn heutzutage ist vielen Produkten Zucker zugesetzt. Entscheidend ist die glykämische Last, die im Laufe eines Tages zusammenkommt. Sie sollte den Wert 100 nicht überschreiten! Wer sich nur nach dem GI richtet, verliert die glykämische Tageslast schnell aus den Augen. Und das kann der Figur ganz schnell schaden. Denn angebliche Schlankmacher wie bissfest gekochte Nudeln oder brauner Reis dürfen trotz ihres niedrigen GI nicht einfach maßlos gegessen werden: ihre GL liegt pro Portion im hohen Bereich.

Darum tut die LOGIsche

Sie macht satt! Die LOGI-Ernährung ist ballaststoffreich und eiweißreich. Die Ballaststoffe quellen im Magen auf und lösen damit ein Sättigungsgefühl aus. Man muss auch nicht befürchten, über ballaststoffreiche Lebensmittel massig Kalorien aufzunehmen. Die Eiweiße wirken über biochemische Signale am Gehirn, die ihrerseits eine Sättigung auslösen. Darüber hinaus werden bei LOGI durch die geringere Kohlenhydratzufuhr extreme Blutzuckerschwankungen vermieden. Das wirkt Unterzuckerungen und Hungerattacken entgegen. Bei einer LOGIsch gesunden Ernährung leiden Sie also keinen Hunger und das ist die beste Voraussetzung für eine langfristige Gewichtsabnahme.

Sie schmeckt! Mit dem richtigen Fett wird in der LOGI-Ernährung nicht gegeizt. Fett ist ein Geschmackträger: es transportiert das Aroma und macht das Essen erst richtig schmackhaft. Ein leckerer Salat, angemacht mit Olivenöl, ein Steak mit etwas Kräuterbutter oder Garnelen in Knoblauchöl... – mmh das schmeckt! Ein gutes, fetthaltiges Essen stillt nicht nur Ihre Bedürfnisse, es beugt ebenfalls Heißhunger vor.

Sie ist vielseitig und abwechslungsreich. Hin und wieder liest man in den Medien, dass die LOGI-Ernährung einseitig sei, und dass man sich dabei nur von Fisch, Fleisch und Eiern ernähre. Dabei wird übersehen, dass Gemüse und Obst die Basis dieser Ernährung ausmachen. LOGI ähnelt der ursprünglichen, typisch mediterranen Kost. Mit dem kleinen Unterschied, dass als Sättigungsbeilagen überwiegend Salate, Hülsenfrüchte oder Gemüse serviert werden. LOGI bietet die ganze Palette von Eintöpfen, Suppen und knackigen Salaten bis hin zu fetten Fischen, Meeresfrüchten, magerem Fleisch mit leckerem Olivenöl, frischem Gemüse oder Obst. Selbst auf Desserts müssen Sie nicht verzichten.

rnährung so gut!

Sie ist gesund! Wer LOGIsch isst, isst viel Gemüse und Obst. Dadurch werden immer reichlich Vitamine wie Vitamin C, Mineralstoffe wie Magnesium und sekundäre Pflanzenstoffe zugeführt. Außerdem decken Sie über den hohen Verzehr an Gemüse, Obst und Hülsenfrüchten den Ballaststoffbedarf. Ballaststoffe stärken unter anderem die gesunde Darmflora und damit das Immunsystem. Der hohe Eiweißanteil kurbelt den Stoffwechsel an und beugt Muskelabbau vor. Und auch die Eiweiße sind wichtig für das Immunsystem. Reichlich Omega-3-Fettsäuren, vor allem aus Fisch und Rapsöl, sowie die einfach ungesättigten Fettsäuren aus Olivenöl erhöhen die Fettqualität und wirken sich positiv auf die Gesundheit des Herz-Kreislaufsystems aus. Durch die verminderte Zufuhr von Stärke und Zucker bleiben die Blutzuckerspiegel und Insulinwerte relativ konstant, was nicht nur gut für die Arterien ist, sondern auch vor Krebs schützt und schlank macht.

INTERVIEW MIT DR. PETER HEILMEYER

Dr. med. Peter Heilmeyer ist leitender Arzt der Reha-Klinik Überruh der LVA Baden-Württemberg in Isny im Allgäu. Tätigkeitsschwerpunkt des Internist und Sportmediziners ist die präventiv ausgerichtete Rehabilitationsmedizin. Deswegen liegt der Fokus des Therapiekonzepts der Klinik auf Physiotherapie (Sport- bzw. Trainingstherapie) und Ernährungstherapie bei Zivilisationserkrankungen wie Übergewicht, Metabolisches Syndrom inklusive Diabetes sowie bei Rückenleiden.

Franca Mangiameli: Wie sind Sie auf LOGI aufmerksam geworden?

Peter Heilmeyer: Ich bin auf LOGI durch einen Vortrag von Nicolai Worm im Rahmen einer sportmedizinischen Fortbildung 2002 aufmerksam geworden.

F. M.: Wie bewerten Sie LOGI aus medizinischer Sicht?

P. H.: Ich konnte bei unseren Patienten beobachten, dass LOGI erstens die Gewichtsabnahme erleichtert, zweitens das Blutbild bei Fettstoffwechselstörungen verbessert und drittens die Blutzuckerkontrolle bei Diabetikern wesentlich verbessert. Nach unseren Erfahrungen kann der Insulinbedarf um rund 50 Prozent gesenkt, häufig können orale Antidiabetika abgesetzt werden. Viele Diabetiker kommen völlig ohne Medikamente aus, wenn sie sich streng nach der LOGI-Methode ernähren. Außerdem wird durch LOGI die Vitamin- und Eiweißversorgung verbessert, was zu einer Herunterregulierung der Entzündungsreaktionen im Körper führt, und unter anderem das Arteriosklerose-Risiko senkt.

Wir empfehlen LOGI immer dann, wenn eine Gewichtsreduktion wünschenswert ist, wenn Störungen des Fett- oder Zuckerstoffwechsels vorliegen.

F. M.: Welche Erfolge haben Ihre Patienten in der Reha-Klinik Überruh mit LOGI?

P. H.: Wir haben festgestellt, dass die LOGI-Ernährung im Schnitt zu einer Gewichtsreduktion von einem Kilogramm pro Woche führt. Im Gegensatz zu anderen Methoden zur Gewichtsreduktion berichten die Patienten über ein gutes Sättigungsgefühl und bewerten die geschmackliche Qualität der Gerichte als gut. Dies bedeutet, dass die LOGI-Methode als Dauerernährung geeignet ist. Und damit ist auch die Chance, nach einer Gewichtsabnahme das Gewicht zu halten, sehr hoch anzusehen!

F. M.: Und für welche Personengruppe ist LOGI besonders empfehlenswert?

P. H.: LOGI ist für Übergewichtige mit Metabolischem Syndrom, eine Kombination aus Diabetes, Fettstoffwechselstörung und Hypertonie, besonders geeignet. Daneben gibt es noch viele andere sinnvolle Indikationen. Zum Beispiel profitieren Menschen mit einem gewissen Suchtverhalten für Kohlenhydrate (bestimmte Bulimieformen) von dieser Ernährung. Auch präventiv kann die LOGI-Ernährung eingesetzt werden, zum Beispiel bei Patienten, die zu rascher Gewichtszunahme neigen und beziehungsweise oder in der Familiengeschichte Diabetes oder Gefäßkrankheiten vorweisen.

F. M.: Und wie nehmen Ihre Patienten das Essen nach der LOGI-Methode an?

P. H.: Die Akzeptanz ist im Allgemeinen sehr gut, da sich die positiven Wirkungen sehr schnell einstellen: Gewichtsabnahme, das Verschwinden von Heißhungerattacken, lang anhaltende Sättigung und eine gute geschmackliche Qualität.

F. M.: Treten denn auch Schwierigkeiten bei der Umsetzung auf?

P. H.: Den meisten Patienten fällt es leicht LOGI umzusetzen. Einigen bereiten Blähungen vorübergehend Schwierigkeiten. Aber solche Probleme treten im Grunde bei jeder Ernährungsumstellung in gewissem Umfang auf – bis sich der Darm an die neue Ernährung angepasst hat. Manche Patienten erleben anfangs eine Art Kohlenhydrat-Craving (Verlangen) und sie träumen sogar von Kohlenhydratmahlzeiten; dies verliert sich nach wenigen Wochen oder Monaten.

So genannte Sündenfälle, also Diätfehler, haben bei LOGI eine andere Bedeutung als bei üblichen Reduktionsdiäten: Der Rückfall führt sofort zu einer Verschlechterung der Befindlichkeit, wir sprechen vom »Insulinkater«. Das Gute daran ist, dass dieser die Tendenz verstärkt, an der LOGI-Ernährung festzuhalten. Insofern ist ein solcher Sündenfall im Rahmen der LOGI-Ernährung kein Unglück.

F. M.: Und wie ernähren Sie sich? Leben Sie selbst nach dem LOGI-Prinzip?

P. H.: Ich ernähre mich seit drei Jahren nach der LOGI-Methode und fühle mich in jeder Hinsicht besser als vorher. Da ich viel Sport treibe, insbesondere Ausdauersport, habe ich mich früher sehr kohlenhydratreich ernährt – und dabei langsam aber stetig Gewicht zugenommen.

Dank LOGI habe ich innerhalb der ersten drei Monate sieben Kilogramm verloren. Und seitdem halte ich mein Gewicht ohne Probleme (82 kg bei 1,84 m). Meine sportliche Leistungsfähigkeit ist bei dieser Ernährung nicht schlechter als bei einer kohlenhydratreichen.

Sport ist Mord – so die Aussage vieler Sportmuffel. Doch das Gegenteil ist der Fall, Sport kann das Leben verlängern oder zumindest die Lebensqualität verbessern. Wer sich zu wenig bewegt, verlangsamt nicht nur seinen Stoffwechsel, sondern fördert auch bei gleichzeitig ungesunder Ernährung das Risiko für Herz-Kreislauf-Erkrankungen. Keinen Sport zu treiben, ist atypisch, denn unsere Gene sind auf Bewegung programmiert.

In der Adipositas-Beratung empfehle ich grundsätzlich immer, zwei- bis dreimal pro Woche Sport zu treiben. Viele Patienten übertreiben es dann häufig und gehen an ihre Grenzen. Sie starten von null und beginnen täglich mit mindestens einer Stunde Ausdauersport – wobei sie die Kalorienuhr nicht aus den Augen lassen. Solche Verhaltensweisen führen selten zum gewünschten Gewichtsverlust. Auch für den Sport gilt: mehr hilft nicht gleich mehr. Im Gegenteil, wer es übertreibt, kann ernsthafte Erkrankungen des Herz-Kreislauf-Systems oder des Bewegungsapparates hervorrufen.

Moderate körperliche Aktivität ist deswegen empfehlenswerter als exzessives Sporttreiben bis an die Leistungsgrenze. Im Vordergrund sollte der Spaß an der Bewegung stehen, dann bleibt man auch leichter dabei! Neben Sport empfehle ich auch mehr Bewegung in die Alltagsabläufe einzubauen, wie zum Beispiel Treppen zu steigen statt Aufzug zu fahren, Einkäufe zu Fuß oder mit dem Fahrrad zu erledigen oder öfter mal einen Großputz einzulegen. Haben Sie sich schon einmal überlegt, wie effektiv das Fensterputzen die Oberarmmuskulatur strafft?!

Vor allem für Abnehmwillige hat die moderate sportliche Aktivität eine wichtige Bedeutung. Denn im Rahmen einer Gewichtsreduktion wird fast auch immer Muskelmasse abgebaut. Regelmäßiger Sport – und eine gute Eiweißversorgung – sorgt dafür, dass dieser Abbau möglichst gering ausfällt. Gelingt es jedoch, die Muskelmasse weitgehend zu erhalten, wird auch der Grundumsatz durch das Abnehmen nicht so stark heruntergefahren. Wer sogar Muskelmasse aufbaut, kann den täglichen Grundumsatz steigern! Sportlich Aktive werden besser abnehmen und vor allem ihren Erfolg auch langfristig besser halten.

Um diese kleinen, sündigen Kohlenhydrat-Snacks abzutrainieren, müsste eine 70 kg schwere Person zum Beispiel…

1 Glas Orangensaft (200 ml) – ca. 80 kcal = 26 Minuten leichte Gymnastik
1 Schüssel Cornflakes (30 g) mit Milch (125 ml) – ca. 170 kcal = 20 Minuten Schwimmen
50 g Popcorn – ca. 210 kcal = 45 Minuten Putzen
1 große Ofenkartoffel (ca. 200 g) mit Kräuterquark – ca. 220 kcal = 32 Minuten Rad fahren
1 Käse-Sandwich ohne Butter – ca. 290 kcal = 31 Minuten Joggen
1 kleine Portion Spaghetti Bolognese (200 g) – ca. 290 kcal = 62 Minuten Walken

SPORT IST ALLES – NUR KEIN MORD!

2 min. Rad fahren

20 min. Schwimmen

5 min. Putzen

62 min. Walking

6 min. leichte Gymnastik

31 min. Joggen

Dr. med. Klaus Döring ist Facharzt für Innere Medizin und Sportmedizin. Nach 14 Jahren Krankenhaustätigkeit in Rehabilitation und Akutmedizin hat er sich im Jahr 2000 in einer eigenen Privatpraxis in Gießen niedergelassen. Seine Tätigkeitsschwerpunkte sind die Präventionsmedizin und die Früherkennung von Herz- und Gefäßkrankheiten. Daraus entwickelte sich konsequenterweise das Interesse für die Sportmedizin sowie die Weiterbildung zum Sportmediziner.

Franca Mangiameli: Warum ist körperliche Aktivität so wichtig für eine erfolgreiche Gewichtsabnahme?

Klaus Döring: Unser Körper verfügt über die Fähigkeit, auf eine verminderte Nahrungszufuhr mit einem Energiesparprogramm zu reagieren. Dabei wird der Grundumsatz – also die Kalorien, die wir täglich unabhängig von irgendeiner Bewegung verbrennen – abgesenkt. Daher wird Abnehmen allein durch »Wenigeressen« oder Hungern bestenfalls mit Enttäuschungen gekrönt. Sobald man sich einige Kilo abgehungert hat und glaubt, wieder »normal« essen zu dürfen, klettert der Zeiger der Waage wieder nach oben. Abnehmen durch Hungern bedeutet immer eine einschneidende psychische und körperliche Belastung mit unerwünschten Nebeneffekten wie Muskelabbau und Abnahme der Leistungsfähigkeit.

Besser ist es daher, den Kalorienverbrauch bei gleichzeitig vernünftig zusammengestellter Nahrungszufuhr durch mehr Bewegung zu erhöhen! Statt wie beim Hungern Muskelmasse abzubauen, wird auf diese Weise Speicherfett durch aktive Muskelmasse ersetzt. Die Körperkonturen straffen sich erkennbar und die Leistungsfähigkeit steigt. Auch für das allgemeine Wohlbefinden und für die Gesundheit leistet Sport einen wichtigen Beitrag!

F.M.: Stimmt, es können ja sogar ernährungsabhängige Erkrankungen durch Sport gelindert werden. Welche sind das vor allem?

K.D.: Bei den ernährungsbedingten Erkrankungen ist das Metabolische Syndrom in den Industrieländern die häufigste Stoffwechselerkrankung überhaupt. Die Wurzel dieses Übels liegt auch hier im Missverhältnis zwischen Energiezufuhr und körperlicher Aktivität. Die Folge ist eine drastisch erhöhte Gefährdung für Gefäßerkrankungen – diese gipfeln oft in einem Herzinfarkt oder Schlaganfall. Man schätzt, dass mindestens 25 Prozent der Bevölkerung bei uns im Laufe des Lebens ein Metabolisches Syndrom entwickeln. Diesem gesundheitlichen Schicksal kann jeder selbst entgegenwirken: Indem man von vorneherein – am besten bereits von Kindesbeinen an – Normalgewicht und regelmäßige sportliche Aktivität anstrebt. Sogar wenn die Diagnose Metabolisches Syndrom bereits vorliegt, kann die Stoffwechselstörung durch Gewichtsreduktion und sportliche Aktivität wesentlich gebessert und damit die Lebenserwartung weitgehend normalisiert werden. Erhöhte Harnsäurewerte sind eine häufige Begleiterscheinung des Metabolischen Syndroms. Sie bilden sich im Laufe der Behandlung von alleine zurück. Angeborene Stoffwechselerkrankungen sollten im Rahmen einer ärztlichen Untersuchung vor Behandlungsbeginn ausgeschlossen worden sein.

F. M.: Bei LOGI geht es auch darum, die Insulinsensibilität bei Übergewichtigen und bzw. oder Diabetikern zurückzugewinnen. Kann man dies auch durch Sport beeinflussen?

K. D.: Es ist das erklärte Ziel jeder Diabetesbehandlung, die Empfindlichkeit der Zellen gegenüber dem Stoffwechselhormon Insulin wieder zu erhöhen. Regelmäßiger Ausdauersport und eine kohlenhydratkontrollierte Ernährung sind die natürlichen Behandlungsoptionen. Wenn sie bereits in frühen Erkrankungsstadien zur Anwendung kommen, können sie die Behandlung mit Medikamenten überflüssig machen.

F. M.: Mit welchem Sportprogramm sollte jemand anfangen, der bislang nur wenig körperlich aktiv war und dies ändern möchte?

K. D.: Für Menschen, die bislang keinerlei Sport betrieben haben, bedeutet körperliche Aktivität zunächst eine zusätzliche Belastung. Darum ist es für sie besonders wichtig, das Training behutsam zu beginnen. Ihr Bewegungsprogramm sollte sie dort abholen, wo sie sich befinden. Dabei spielen Begleiterkrankungen zum Beispiel des Bewegungsapparates eine genauso wichtige Rolle wie individuelle Neigungen zu bestimmten Sportarten.

Der Spaßfaktor ist auf Dauer eine wichtige Größe, um dauerhaft am Ball zu bleiben!

Zum Einstieg empfehle ich Bewegungsformen, bei denen die Belastungen des Bewegungsapparates verhältnismäßig gering sind – beispielsweise Aqua-Jogging, Schwimmen, Nordic Walking und Radfahren.

F. M.: Und welche Sportarten empfehlen Sie für eine optimale Gewichtsreduktion?

K. D.: Das richtige Maß an Intensität und eine ausreichende Dauer des Trainings sind entscheidend. Um einen Richtwert zu nennen: Das Training sollte drei- bis viermal pro Woche über mindestens 30 Minuten durchgeführt werden. Dabei sollte ein Kalorienverbrauch von insgesamt 2000 bis 3000 Kilokalorien pro Woche angestrebt werden.

Die Höhe des Energieverbrauchs pro Stunde hängt dabei sowohl von der gewählten Sportart als auch von dem Trainingszustand des Sportlers ab. So kann man beispielsweise durch Walking mit einer Geschwindigkeit von sechs Kilometern pro Stunde etwa 160 Kilokalorien in 30 Minuten verbrauchen, beim Jogging mit neun Kilometern pro Stunde verbrennt man in derselben Zeit bereits 300 Kilokalorien. Grundsätzlich sind Bewegungsformen, bei denen viele Muskelgruppen eingesetzt werden, effektiver als solche, bei denen zum Beispiel nur die Arm- oder nur die Beinmuskulatur gefordert wird. Um verhältnismäßig viel Körperfett zu mobilisieren, ist eine moderate Intensität der sportlichen Betätigung sinnvoll. Denn zur Fettverbrennung wird viel Sauerstoff benötigt, der nur im aeroben Training (Ausdauerbereich) zur Verfügung steht: Wer seine persönliche Belastungsgrenze überschreitet, verbrennt ausschließlich Kohlenhydrate und blockiert die Freisetzung von Fett aus den Fettzellen. Deswegen sollte man es mit der Intensität nie übertreiben!

Übrigens werden Fette sogar im Schlaf abgebaut – aufgrund ihres hohen Energiegehalts und des hohen Sauerstoffbedarfs jedoch leider nur im Schneckentempo in winzigen Portiönchen. Durch körperliche Aktivität kann ein beschleunigter und vermehrter Fettabbau erzielt werden!

F. M.: Wie verträgt sich Sport mit der LOGI-Methode? Kann man die Kohlenhydratportionen etwas großzügiger bemessen, wenn man viel Sport treibt?

K. D.: Die LOGI-Methode ist keine einseitige Diät, sondern eine Anleitung zur Auswahl von Lebensmitteln mit einem niedrigen glykämischen Index. Sie ist abwechslungsreich, vielfältig und ausgewogen und in ihrem Energiegehalt individuell steuerbar. Da der Speiseplan sehr ausgewogen ist, sind alle essenziellen Vitamine, Mineralien und Aminosäuren enthalten und müssen nicht ergänzt werden. Der höhere Eiweißanteil von 35 Prozent bietet optimale Voraussetzungen für einen Muskelaufbau und ist bei gesunden Menschen unbedenklich. Für das normale Fitness-Ausdauertraining eines Freizeitsportlers sind hiermit alle Voraussetzungen an eine sinnvolle und gesunde Ernährung erfüllt. Ein Mehrbedarf an Kohlenhydraten kann bei intensiven und anhaltenden Belastungen auftreten, die eine erhöhte Glykogenreserve der Muskulatur erfordern.

Wer extrem viel Sport treibt, und hier spreche ich vor allem Leistungs- und Wettkampf-Sportler an, kann auch mehr Kohlenhydrate zu sich nehmen. Am besten lässt man sich in solchen Fällen einen individuell abgestimmten Ernährungsplan erstellen, der auf die einzelnen Trainings- und Wettkampfphasen abgestimmt ist.

F. M.: Welche Erfahrungen haben sie selbst mit LOGI gemacht?

K. D.: Meine persönlichen Erfahrungen mit der LOGI-Methode sind ausgesprochen positiv. Vielen Patienten leuchtet die Argumentation sofort ein, und der überwiegende Tenor ist: »Warum ist man da nicht schon früher drauf gekommen?«

Die Erfolge lassen sich nicht nur physikalisch messen, sie sind den Teilnehmern bereits nach wenigen Wochen anzusehen! Die Kontrolle der Blutwerte belegt zudem den positiven Einfluss auf die atherogenen Risikofaktoren. Das Allgemeinbefinden und die Leistungsfähigkeit verbessern sich parallel dazu. Den Einsatz der LOGI-Methode kann ich daher uneingeschränkt empfehlen.

ZUCKER UND STÄRKE

Zucker und Stärke in unserer Ernährung – ein leidiges Thema.
Süße Sünden und ihr bitterer Nachgeschmack!

Wenn Wissenschaftler von Zucker sprechen, geht es übrigens nicht nur um den handelsüblichen Zucker. Auch die Stärke aus Kartoffeln oder Nudeln ist chemisch gesehen ein schnell verfügbarer Zucker. Wie schon auf Seite 21 beschrieben, lockt der Verzehr von Zucker Insulin. Wenn Sie zum Beispiel zwei Scheiben Weißbrot essen, schießt der Blutzucker in die Höhe. Solche Blutzuckerspitzen führen zu einer enorm hohen Insulinproduktion, und diese wiederum senkt den Blutzucker stark ab. Daraufhin kann sich Unterzucker einstellen, Abgeschlagenheit und Hunger machen sich breit. Unwillkürlich isst man etwas, um den Blutzucker wieder anzuheben – und meistens wird der Hunger mit Kohlenhydraten gestillt. Sollten raffinierte Kohlenhydrate wieder eine Unterzuckerung hervorrufen, kommt bald wieder Hunger auf. Bewegt man sich nicht entsprechend viel, sammeln sich außerdem überschüssige Kalorien an, die dann in den Fettdepots gespeichert werden. Zucker schadet neben der Figur auch den Zähnen und den Blutgefäßen.

Warum essen wir eigentlich so gerne süß? Unter anderem weil diese Vorliebe angeboren ist. Bereits das Fruchtwasser hat einen süßen Geschmack, ebenso die Muttermilch. Besonders für unsere Vorfahren war die Vorliebe für Süßes ein Schutz gegen den Verzehr verdorbener oder giftig bitterer Nahrung. Außerdem wird es uns von Kindesbeinen anerzogen. Süßigkeiten finden heutzutage Verwendung als Belohnungsstrategie für gute Noten oder gutes Verhalten. Somit werden Kinder heutzutage regelrecht zu Naschkatzen erzogen! Nicht zuletzt, kommen wir kaum um den Zucker in der Nahrung herum. Er steckt in vielen Nahrungsmitteln drin, in Form von natürlichem oder zugesetztem Zucker. Nicht nur in Süßigkeiten ist reichlich Zucker enthalten, auch viele Lebensmittel, in welchen wir Zucker niemals vermuten würden, enthalten reichlich davon. Es handelt sich hierbei um versteckte Zucker, die Sie in Tütensuppen, Fertigprodukten, Ketchup, Senf, fertigen Salatsaucen, Fruchtsäften, Konserven, Brot etcetera finden. Im Durchschnitt verzehren wir dadurch täglich rund 100 Gramm Zucker! Das entspricht etwa 33 Stück Würfelzucker. Dieser hohe Zuckerkonsum hat zur Folge, dass unsere Geschmacksschwelle für süß immer weiter steigt. Mit anderen Worten, wir müssen immer mehr süßen, um den süßen Geschmack überhaupt noch wahrzunehmen.

Achten Sie deswegen auf's Etikett!

Der Zucker kann sich hinter verschiedenen Bezeichnungen in der Zutatenliste verbergen, zum Beispiel Saccharose, Glucose oder Glukose, Dextrose, Traubenzucker, Fructose oder Fruktose, Fruchtzucker, Maltose, Malzzucker, Invertzucker, Glukosesirup, modifizierte Stärke, Maisstärke und andere.

Steht »Zucker« auf dem Etikett, bezieht sich diese Angabe immer auf den haushaltsüblichen Zucker Saccharose. Seien Sie deswegen vorsichtig mit Produkten, die als »zuckerfrei« beworben werden. Modifizierte Stärke, Glukosesirup und andere kohlenhydratreiche Zusätze gelten nach dem deutschen Gesetz nicht als Zucker. Chemisch gesehen sind sie aber auch nichts anderes als aneinander gereihte Glukosebausteine.

Sie haben bestimmt unbewusst schon einmal festgestellt, dass Stärke auch aus Zuckerbausteinen besteht. Beispielsweise wenn Sie zu lange auf einem Stück Brot herumgekaut haben, dann schmeckt es nämlich süß. Denn die enthaltene Stärke wird teilweise bereits im Mund durch Enzyme im Speichel (Amylase) zu Traubenzucker gespalten.

Je weiter vorn der Zucker in der Zutatenliste steht, desto mehr ist davon im Produkt enthalten. Manchmal werden auch mehrere Zuckerträger aufgeführt, zum Beispiel können in Tütensuppen neben modifizierter Stärke auch Weizenstärke oder Maisstärke enthalten sein. Viele kleinere Mengen verschiedener Kohlenhydrate bzw. Zuckerarten ergänzen sich auch ganz schnell zu einer großen Menge. Damit wird auch die nicht süß schmeckende Tütensuppe zur kleinen Zuckerbombe! Wie bereits erwähnt, ist unser Geschmackssinn für süße Aromen durch die tägliche Überflutung mit Zucker in Mitleidenschaft gezogen worden. Der ursprüngliche Geschmack der Nahrung wird vom zugesetzten Zucker überlagert und kann sich nicht voll entfalten. Unsere Geschmacksnerven stumpfen gegenüber der Empfindung »süß« ab. Aber es gibt auch eine gute Nachricht – dies ist reversibel! Sie können sich für die Geschmacksrichtung süß wieder sensibilisieren. Gerichte, die Ihnen heute vielleicht nicht stark genug gesüßt wären, empfinden Sie nach wenigen Wochen mit einer natürlichen Ernährung nach LOGI wieder als angenehm süß. Ihre Geschmackschwelle für das süße Aroma sinkt und Sie kommen mit weniger Zucker aus!

Das können Sie an sich selbst feststellen!

Reduzieren Sie nach und nach den Zucker in Ihrem Tee, Ihrem Kaffee, im Frucht-Milch-Shake. Und dann süßen Sie nach ein paar Wochen der LOGI-Ernährung Ihren Tee mal wieder mit der Menge Zucker, die Sie bis vor LOGI verwendet haben: Der Tee wird Ihnen jetzt viel zu süß schmecken.

INTERVIEW MIT DR. PETRA AMBROSIUS

Dr. Petra Ambrosius ist promovierte Oecotrophologin und selbst Autorin mehrerer Kochbücher. Sie entwickelt ausgefeilte Konzepte zur Ernährungsberatung für Diplom-Oecotrophologen und gründete das Netzwerk der mittlerweile bundesweit agierenden »Studios für Ernährungsberatung«. Ihr Herz gehört der Ernährungspraxis: Sie berät niedergelassene Ärzte und deren Patienten, Krankenkassen, Lebensmittelkonzerne sowie Catering-Unternehmen. Außerdem entwickelt sie Konzepte für spezielle Ernährungsprogramme, unter anderem für Diabetiker, für Kinder sowie für Sportler und Freizeitsportler.

Franca Mangiameli: Wie stehen Sie der LOGI-Methode als Ernährungswissenschaftlerin gegenüber?

Petra Ambrosius: In der Ernährungsberatung gibt es immer wieder Strömungen, die einzelne Nährstoffe (Eiweiß, Fette oder Kohlenhydrate) in den Vordergrund stellen. In den letzten Jahren sind eigentlich immer nur fettarme und fettreduzierte Diäten vermarktet worden. Der Erfolg dieser oft doch sehr einseitigen Empfehlungen war gleich null. Es hat nie mehr Übergewicht und Fehlernährung gegeben, als in den letzten Jahren. Deswegen halte ich es für sehr wichtig, dass endlich wieder über die Ernährungsempfehlungen diskutiert wird. Konservatismus wird uns auch in der Ernährungswissenschaft nicht weiterbringen.

Ich persönlich stehe der LOGI-Methode sehr positiv gegenüber. Durch die kontroverse Diskussion um die Nährstoffe wird der Mensch als Individuum mit unterschiedlichen Bedürfnissen wieder mehr in den Vordergrund gerückt. Ich bin der Meinung, dass wir viele Ernährungs- und Esstypen haben. In der Ernährungsberatung können wir diesen verschiedenen Typen aber nur gerecht werden, wenn wir ein großes Spektrum an Handlungsspielräumen erhalten.

F. M.: Und wie beurteilen Sie LOGI aus ernährungsmedizinischer Sicht?

P. A.: Die neueren Studien aus Amerika zeigen, dass LOGI ein wichtiger Baustein in der Bekämpfung ernährungsabhängiger Erkrankungen sein kann. Man sollte jedoch immer auch berücksichtigen, dass solche Erkrankungen nicht nur aus einem Risikoverhalten (z.B. ungesunde Ernährung) entstehen, sondern immer multikausal sind. So spielt die Ernährung eine genauso wichtige Rolle wie familiäre Rahmenbedingungen, Bildungsstand und das Maß an körperlicher Aktivität. Wir müssen für jeden einzelnen Patienten den für ihn richtigen Weg suchen.

F. M.: Wie beurteilen Sie die Praxistauglichkeit von LOGI?

P. A.: Ich finde es überaus positiv, dass mit LOGI weder Kalorienzählerei noch strikte Verbote verbunden sind. Die einzige Begrenzung ist die Einschränkung kohlenhydrathaltiger Lebensmittel wie Brot, Kartoffeln, Reis, Nudeln, Süßspeisen und anderer zucker- und stärkereicher Nahrungsmittel. Allerdings ist es wie bei jeder Ernährungsumstellung wichtig, diese schrittweise umzusetzen und keine radikalen Änderungen zu vollziehen. Sonst könnte das schnell ins Gegenteil umschlagen.

F. M.: Was glauben Sie, wird sich die LOGI-Methode als dauerhafte Ernährungsmethode etablieren?

P. A.: Meiner Meinung nach wird sich die LOGI-Methode einen festen Platz unter den wissenschaftlich fundierten Ernährungskonzepten erobern. Es liegt allerdings auch an den Verbrauchern, inwieweit die LOGI-Methode Einzug in die tägliche Ernährung finden kann.

LOGI IN DER TÄGLICHEN PRAXIS

Genuss ohne Zucker, Mehl und Stärke? Nie wieder Brot, Pizza, Pasta oder Schokolade? Mit solchen Ängsten setzen sich viele Menschen auseinander, wenn sie darüber nachdenken, sich nach der LOGI-Methode zu ernähren.

Solche Bedenken sind verständlich, aber »Ängste« sind völlig unbegründet! Wenn Sie es bisher gewohnt waren, Getreide in unbegrenzter Menge nach Lust und Laune zu verzehren, macht es keinen Sinn, von heute auf morgen einen radikalen Schnitt zu machen und sich Getreide- und Mehlspeisen rigoros zu verbieten. Das würde nur unweigerlich dazu führen, dass Sie pausenlos an Butterbrot, Kuchen oder Spaghetti Bolognese denken. Setzen Sie sich kleine, erreichbare Ziele.

Tauschen Sie zunächst beim Mittagsessen die Sättigungsbeilagen zugunsten von Gemüse und Salat oder Hülsenfrüchten aus. Reduzieren Sie dann beim Frühstück die Brotmenge auf eine dünne Scheibe Vollkornbrot. Wenn Sie die bedenklichsten Kohlenhydratträger so über einen längeren Zeitraum nach und nach ersetzen, werden Sie weniger Probleme beim Start in eine LOGIsch gesunde Ernährung haben.

Tolle Kohlenhydrat-Alternativen. Pizza und Brot ohne Mehl, Desserts ohne Zucker? Das geht. Dieses Kochbuch präsentiert Ihnen eine Fülle von Alternativen. Sehen Sie selbst...

Die Pizza-Alternative. Sie brauchen nur Kichererbsenmehl, Wasser, Öl und Salz. Aus diesen Zutaten backen die Italiener eine Farinata (Rezept auf Seite 170). Farinata ist ein dünn gebackener Fladen, der ursprünglich aus Ligurien stammt. Dieser Teigfladen zählte früher zur Arme-Leute-Kost, denn er ist billig und einfach herzustellen. Kichererbsenmehl enthält im Vergleich zu Weizenmehl 65 Prozent weniger Kohlenhydrate. Außerdem liefert es Eiweiß und Ballaststoffe, was die Nährwertzusammensetzung einer Farinata-Alternativ-Pizza gegenüber der normalen Weizenteig-Pizza aufwertet.

Die Brot-Alternative. Für ein LOGI-gerechtes Brot benötigt man eine kleine Portion Kohlenhydrate, die der Hefe als Nahrung dienen, und einen »Kleber«, der das Brot zusammenhält. Die für dieses Kochbuch entwickelten LOGI-Taler bestehen aus dem Kohlenhydrate liefernden Kichererbsenmehl, aus Hafer- und Weizenkleie, aus Nüssen, Samen sowie aus Ei und dem Weizenkleber Gluten. Die LOGI-Taler sind im Vergleich zu herkömmlichem Brot kohlenhydratärmer und fettreicher. Sie haben aufgrund des hohen Ballaststoffanteils eine enorme Sättigungswirkung.

Die Gnocchi-Alternative. Gnocchi sind eine italienische Spezialität, die aus Kartoffeln und Mehl bestehen. Ihr Kohlenhydratgehalt liegt bei 89 Prozent. Mir ist es gelungen, aus Ricotta-Käse, ganz wenig Weizenmehl, Parmesan, Ei und nach Bedarf etwas Weizenkleber Gluten bzw. Johannisbrotkernmehl ein kohlenhydratarmes Gnocchi-Rezept zu entwickeln (Rezept auf Seite 94). Der Kohlenhydratgehalt dieser Ricotta-Gnocchi liegt bei 18 Prozent.

Nudel-Alternativen. Wer sagt eigentlich, dass Nudeln und Spaghetti immer aus Teigwaren bestehen müssen? Probieren Sie doch auch einmal Gemüse-Tagliatelle. Sie brauchen dafür nur Zucchini oder Möhren (Rezept auf Seite 117). Mein Tipp: Achten Sie darauf, dass die Gemüse-Tagliatelle nicht zu dünn werden, da sie sonst schnell zerkochen. Die bissfest gekochten Gemüsestreifen schmecken wie Nudeln mit Tomatensauce übergossen. Wenn Sie auf Spaghetti und Co. nicht ganz verzichten möchten, können Sie aber die Gemüse-Tagliatelle auch mit einer kleinen Portion gekochter Teigwaren-Spaghetti mischen – und so die Menge der kohlenhydratreichen Weizen-Tagliatelle reduzieren. In gut sortierten Supermärkten, in Reformhaus und Bioladen werden immer öfter auch Soja-Nudeln und -Spaghetti angeboten. Ihr Eiweißanteil liegt bei rund 48 Gramm, ihr Kohlenhydratgehalt bei nur 28 Gramm. Damit sind sie eine Top-Alternative zu Hartweizen-Teigwaren!

Kartoffel-Alternativen. Eine gute Kartoffelalternative ist der Kürbis. Gekocht bekommt er eine kartoffelähnliche Konsistenz. Schneiden Sie den Kürbis einfach in dicke Scheiben, würzen ihn mit Olivenöl, Rosmarin, Salz und Pfeffer und backen ihn im Backofen. Fertig sind die Rosmarin-Kürbitoffeln (Rezept auf Seite 133).

Kartoffelbrei-Alternativen. Da Kartoffelbrei nicht nur einen hohen glykämischen Index hat, sondern auch eine hohe glykämische Last aufweist, eignet er sich als LOGI-Gericht eher weniger. Doch es gibt schmackhafte Alternativen auf Gemüsebasis, die zudem auch noch gesünder sind. Hierzu zählen Kürbispüree, Möhrenpüree, Selleriepüree, Fenchelpüree, Auberginenpüree und andere (Rezepte auf den Seiten 128, 122, 106, 113 und 155). Diese Varianten enthalten deutlich weniger Kohlenhydrate, mehr Vitamine und Mineralstoffe bei gleichzeitig weniger Kalorien.

Die Knabber-Alternativen. Im Reformhaus können Sie Kokoschips kaufen. Im Backofen eine Minute aufbacken und fertig sind die süßlich schmeckenden Alternativ-Chips. Sie enthalten nicht die fatale Kombination aus schnellen Kohlenhydraten und Fett. Doch Kokoschips bestehen überwiegend aus gesättigten Fettsäuren und ihr Energiegehalt ist sehr hoch, deswegen auch nicht mehr als eine Hand voll als Snack verzehren.

Schnitzel-Alternativen. Schnitzel an sich sind ja eigentlich gar nicht kohlenhydratreich. Erst die beliebte Mehl- oder Paniermehl-Panade sorgt für überflüssige Stärke. Die einfachste Alternative ist es, das Schnitzel »natur« zu braten. Wer jedoch nicht auf das knusprige Drumherum verzichten möchte, kann das Fleisch in gehackten Nüssen oder Sesam wenden.

Müsli-Alternativen. Auf Müsli müssen Sie bei einer kohlenhydratreduzierten Ernährung nicht verzichten. Morgens kommt der Körper mit den Kohlenhydraten noch am besten klar. Aber mischen Sie die Getreideflocken mit einer großen Portion Sojaflocken, mit gehobelten oder gehackten Nüssen, um den absoluten Kohlenhydratanteil zu senken. Eine andere Alternative sind frische Obstwürfel in Joghurt mit gerösteten Kokosflocken.

Zucker-Alternativen. Zum Süßen eignet sich bei LOGI am besten der Agavendicksaft. Er hat eine niedrige glykämische Last. Allerdings sollten Sie auch diesen Dicksaft nicht maßlos verwenden!

Agavendicksaft. Ein süßlicher Saft, der aus dem Herzen der Agave (Kaktuspflanze) gewonnen wird. Er hat eine wesentlich höhere Süßkraft als Haushaltszucker, deswegen benötigt man zum Süßen von Desserts, Müsli oder Backwaren deutlich weniger davon. Agavendicksaft besteht zum größten Teil aus Fructose. In sehr großen Mengen kann er Durchfall verursachen. Doch aufgrund der hohen Süßkraft werden pro Portion nicht einmal 20 Gramm benötigt. Sein glykämischer Index liegt bei 11 und damit im niedrigen Bereich. Die glykämische Last pro 20-Gramm-Portion liegt ebenfalls im niedrigen Bereich.

Fruchtmus. Mögen Sie den leicht säuerlichen Geschmack von Naturjoghurt pur nicht so gerne? Pürieren Sie zum Beispiel eine halbe Mango mit dem Joghurt. Sie können natürlich auch andere süße Früchte verwenden.

Bindemittel-Alternative Johannisbrotkernmehl. Johannisbrotkernmehl wird aus den Samen des Johannisbrotbaums gewonnen. Es wird als Ersatz für Stärkemehle zum Binden von Saucen, Suppen etcetera eingesetzt. Johannisbrotkernmehl ist eine Ballaststoff-Art, wird nicht verdaut und liefert keine Kalorien. Ein großer Vorteil gegenüber Guarkernmehl ist, dass es zum Binden nicht aufgekocht werden muss.

Guarkernmehl. Dieses ist wie Johannisbrotkernmehl ein natürlicher Ballaststoff, der aus den Samen des Guarstrauchs gewonnen wird. Es hat ein hervorragendes Bindevermögen und eignet sich ebenfalls als Ersatz von Stärkemehl. Johannisbrotkernmehl und Guarkernmehl eignen sich übrigens auch für gluten- und eifreies Kochen und Backen.

Agar-Agar. Dieses Geliermittel wird aus Rotalgen gewonnen. Es ist prima zum Andicken von Nachspeisen wie Cremes oder Buttermilchnocken geeignet (Rezept auf Seite 174). Es kann als Ersatz für Gelatine verwendet werden und hat den Vorteil, dass es zum Gelieren keinen Zucker benötigt. Agar-Agar ist geschmacksneutral und kalorienfrei. Es ist in Reformhäusern oder Bioläden erhältlich.

Kichererbsenmehl. Das Mehl aus den Hülsenfrüchten eignet sich zum Binden von Saucen und Suppen und kann auch zum Backen verwendet werden. Sein hoher Eiweiß- und Ballaststoffgehalt machen es zu einer gesunden Mehl-Alternative mit einem leicht nussigen Aroma.

Weizenkleber Gluten. Dabei handelt es sich um ein Getreideeiweiß, nicht um ein Kohlenhydrat. Es verbessert die Backeigenschaften eines Teiges, vergrößert sein Volumen und verleiht dem Backwerk Stabilität. Weizenkleber ist in Reformhäusern, beim Bäcker oder in Bioläden erhältlich. Vorsicht gilt für Personen mit einer Glutentunverträglichkeit (Zöliakie), sie sollten stattdessen die Alternative Johannisbrotkernmehl wählen.

Das LOGI Einmaleins:

Obst und Gemüse – je bunter desto besser!

Wie man der LOGI-Pyramide entnehmen kann, sind Obst und Gemüse die Basis dieser Ernährung. Das ist ja auch ganz einfach zu begründen: Diese Lebensmittel sehen nicht nur appetitlich aus, sondern liefern unserem Körper die größte Vielfalt an wichtigen Vitaminen, Mineralstoffen, Spurenelementen und sekundären Pflanzenstoffen.

Sie liefern zudem pro Portion wenige Kohlenhydrate, was im Sinne der Low-Carb-Ernährung wünschenswert ist. Durch den reichlichen Verzehr von Gemüse und Obst decken Sie auch Ihren Bedarf an Ballaststoffen. Diese Lebensmittelgruppe liefert zudem reichlich Flüssigkeit, denn sie bestehen vor allem aus Wasser. Zwei Portionen Obst und drei Portionen Gemüse am Tag lautet die allgemeine Empfehlung, auch bei LOGI. Versuchen Sie einfach zu jeder Mahlzeit und auch als Zwischenmahlzeit etwas von diesen frischen Lebensmitteln zu essen. Zum Beispiel Beeren im Joghurt als Snack oder zum Frühstück, einen Apfel oder eine kleine knackige Paprikaschote zwischendurch, einen kleinen Salat plus eine Gemüsebeilage zu den Hauptmahlzeiten. Je bunter Ihre Auswahl ist, desto besser, denn dann nehmen Sie eine große Vielfalt an sekundären Pflanzenstoffen auf.

Kann man nicht statt Obst einfach Vitaminpillen einnehmen? Nein, denn Vitaminpillen beruhigen nur das schlechte Gewissen. Man weiß, dass synthetisch hergestellte Vitamine nicht so gut vom Körper aufgenommen werden wie natürliche. Denn in Obst und Gemüse stecken viele sekundäre Pflanzenstoffe, die die Aufnahme der Vitamine verbessern. Es ist das Zusammenspiel der verschiedenen Inhaltsstoffe eines Lebensmittels, das für die eigentlich positive Wirkung verantwortlich ist. Das kann keine Tablette leisten!

Einkaufs- und Lagerungstipps: Um den Vitamin- und Mineralstoffgehalt in Gemüse und Obst möglichst lange zu bewahren, ist es wichtig, schon beim Einkauf die Augen offen zu halten, und dann die Lebensmittel richtig zu lagern.

INFO INFO INFO INFO

- Kaufen Sie nur Obst und Gemüse ohne Druckstellen und Verletzungen.
- Lagern Sie Obst und Gemüse möglichst dunkel: Vitamin C ist sehr lichtempfindlich.
- Bevorzugen Sie beim Einkauf Obst- und Gemüsesorten der Saison.
- Bewahren Sie kälteresistentes Obst und Gemüse im Gemüsefach auf, am besten in Krepppapier gewickelt. Dadurch bleibt es länger frisch.
- Lagern Sie Karotten ohne Grün, dann welken sie nicht so schnell.
- Bewahren Sie kälteempfindliches Obst und Gemüse nicht im Kühlschrank auf: Zitrusfrüchte, Trauben, Ananas, Bananen, exotische Früchte; Auberginen, Paprika, Zucchini, Tomaten, Gurken, Avocados, Melonen.

ein kurzer Überblick.

Hülsenfrüchte – wieder zum Leben erweckt.

Hülsenfrüchte galten lange Zeit als Arme-Leute-Essen und werden in unserer Alltagsküche zu Unrecht stiefmütterlich behandelt. Zurzeit erleben die vielen Sorten getrockneter Bohnen, Linsen, Erbsen und die Sojabohnen erfreulicherweise eine Renaissance.

Hülsenfrüchte sind gesundheitlich unglaublich wertvoll. Sie enthalten rund 20 Prozent Eiweiß und reichlich Ballaststoffe. Dadurch sättigen sie gut und ihr glykämischer Index und ihre glykämische Last liegen im grünen Bereich. Das macht sie zum wichtigen Bestandteil der LOGI-Ernährung. Sie liefern Folsäure, Magnesium, Zink, Kupfer und Eisen. Da das Eisen aus pflanzlichen Lebensmitteln vom Körper schwerer aufzunehmen ist als tierisches, sollten Sie immer Vitamin-C-reiches Gemüse dazu essen, zum Beispiel Paprika, Broccoli, Kohlgemüse, oder ein Glas Orangensaft dazu trinken. Das verbessert die Aufnahme.

Essen Sie Hülsenfrüchte niemals roh, garen Sie sie grundsätzlich lange genug: Hülsenfrüchte enthalten giftige Begleitstoffe, die erst durch 10-minütiges Erhitzen unschädlich werden.

Mein Einkaufstipp: Achten Sie darauf, dass die Hülsenfrüchte alle etwa die gleiche Größe haben, keine Dellen oder vertrockneten Stellen aufweisen.

Hochwertige Fette und Öle – Balsam für unsere Gefäße.

Auf die richtigen Fette kommt es an, nicht nur wenn man sich nach LOGI ernährt. Hierzu zählen Öle, die reich sind an einfach ungesättigten Fettsäuren sind. Das Olivenöl ist in dieser Hinsicht ein Musterbeispiel. Jahrelang wurden seine positiven Effekte für die Gesundheit unterschätzt. Doch heute ist bekannt, dass Olivenöl möglichst regelmäßig verwendet werden sollte. Neben dem Olivenöl darf auch das Rapsöl in keiner Küche fehlen!

Rapsöl enthält neben einfach ungesättigten Fettsäuren auch Omega-3-Fettsäuren, die Herz und Gefäße schützen. Im Pflanzenreich liefern neben Rapsöl nur Walnuss- und Leinöl sowie Leinsamen diese wertvollen Fettsäuren. Sonst kommen dies nur in fetten Meeresfischen vor. Die Omega-3-Fettsäuren sind mehrfach ungesättigte Fettsäuren und die Stars unter den gesunden Fetten: Sie haben eine positive Wirkung auf die Blutfette, senken den Blutdruck, verbessern die Blutzuckerwerte und kurbeln die Fettverbrennung an.

Ein Verhältnis von Omega-6-Fettsäuren zu Omega-3-Fettsäuren von 1:1 oder 2:1 gilt als erstrebenswert. Doch »dank« Margarine & Co. liegt es durchschnittlich bei 12:1 – zugunsten der weniger wünschenswerten Omega-6-Fettsäuren. Aus ernährungsmedizinischer Sicht ist das ungünstig: Das negativ verschobene Fettsäureverhältnis fördert gesundheitlich bedenkliche Nebenwirkungen wie eine stärkere Gerinnungsneigung und Entzündungsreaktionen.

Die weniger empfehlenswerten Omega-6-Fettsäuren stecken zum Beispiel in Sonnenblumenöl, Distelöl, Sojaöl oder Margarine. Sie fördern Entzündungsprozesse im Körper. Ungünstige Fette sind auch die Trans-Fettsäuren, da sie möglicherweise Krebs und Herz-Kreislauf-Erkrankungen fördern. Diese findet man überwiegend in Fertigprodukten und Frittiertem, in vielen Backwaren, Nuss-Nougat-Cremes und den meisten Margarinesorten.

Essen Sie Produkte mit gesundheitsbedenklichen Fetten nur in Maßen, denn ein hoher Verzehr geht immer zu Lasten der hochwertigen Fette. Gesättigte Fettsäuren verhalten sich im Stoffwechsel sehr träge, zu viele davon machen dick und beeinträchtigen einen gesunden Stoffwechsel! Reichlich enthalten sind gesättigte Fettsäuren in fettreichen Milch- und Milchprodukten, in Käse und fetten Fleischstücken sowie in fetter Wurst.

Mein Einkaufstipp: Bevorzugen Sie vollfette Milchprodukte statt rahmiger Varianten, halten Sie sich an Käsesorten mit maximal 45 Prozent Fett in der Trockenmasse (F.i.Tr.). Greifen Sie lieber zu mageren Fleisch- und Wurstsorten.

Fisch – die Power aus dem Meer.

Fisch ist reich an hochwertigem, leicht verdaulichem Eiweiß und ein guter Lieferant für die Vitamine Vitamin D, Niacin, Vitamin B6 und B12 sowie für Selen. Das den Stoffwechsel ankurbelnde Jod ist überwiegend in Salzwasserfischen, seltener in Süßwasserfischen enthalten. Fettreiche Fische wie Makrele, Lachs, Hering, Thunfisch und Aal sind zudem reich an Omega-3-Fettsäuren.

Mein Einkaufstipp: Sie erkennen frischen Fisch an seiner metallisch schimmernden Haut und festen Schuppen. Die Augen sind prall, klar und nach vorne gewölbt, die Kiemen haben eine hellrote Farbe und der Fisch riecht angenehmen und nur leicht nach Meer. Sein Fleisch ist fest, was Sie mit dem Fingertest prüfen können: Drücken Sie Ihren Finger in das Fleisch, wenn Sie ihn wieder wegnehmen muss sich die Druckstelle sofort wieder zurückformen. Bleibt eine Druckstelle, liegt der Fisch schon länger. Auch bei frischem Fischzuschnitt sollte das Fleisch fest sein.

INFO INFO INFO INFO

Finger weg vom Fisch, ...

- wenn dem angeblich »frischen« Fisch die Augen entfernt wurden oder wenn die Augen trüb bzw. milchig sind.
- wenn sich die Schuppen leicht lösen.
- wenn die Haut blass ist und die Kiemen dunkelrot bis braun sind.
- wenn der Fisch fischig riecht.
- wenn der frische Fisch nicht ausreichend mit Eis bedeckt ist.
- wenn sich im Beutel bei tiefgefrorenen Produkten Schnee gebildet hat.

Tipps für gutes Gelingen: Spülen Sie den Fisch vor der Verarbeitung unter fließendem, kaltem Wasser ab. Beträufeln Sie ihn dann mit etwas Zitronensaft, dieser macht das Fleisch fester. Zum Braten eignen sich ganze Fisch oder Fischfilets mit Haut, denn sie zerfallen beim Braten nicht.

LEBENSMITTELFAKTEN

LOGI 1x1: LEBENSMITTELFAKTEN

Fleisch – besser als sein Ruf.

Mageres Fleisch, wie es in der LOGI-Ernährung empfohlen wird, enthält sehr hochwertige Eiweiße und nur ein bis vier Gramm Fett pro 100 Gramm. Es ist außerdem ein guter Lieferant für die Vitamine B12 und B1 – vor allem Schweinefleisch. Fleisch bietet reichlich Mineralstoffe: Zink, Eisen, Selen und Phosphor. Und Fleisch enthält auch hochwertige Fette!

Es ist weit verbreitet, dass Fleisch ungesund sei, weil es überwiegend gesättigte Fettsäuren liefert. Das ist so nicht ganz richtig. Vor allem intra- und intermuskuläres Fett sowie das Unterhautfett bestehen fast zur Hälfte aus einfach ungesättigten Fettsäuren, je nach Tierart und -haltung mehr oder weniger. Die einfach ungesättigten Fettsäuren haben eine positive Wirkung auf die Blutfette und auf den Blutzucker.

Ihr Gehalt ist von der Tierhaltung und der Tierart abhängig: Fleisch aus artgerechter Produktion enthält mehr hochwertige Fettsäuren als Fleisch aus konventioneller Produktion und Geflügel enthält mehr hochwertige Fettsäuren als Rind. Bevorzugen Sie deswegen Fleisch aus artgerechter Tierhaltung.

Mein Einkaufstipp: Sie erkennen frisches, qualitativ gutes Fleisch an seiner Färbung. Rindfleisch sollte saftig rot sein, Schweinefleisch rosa, Geflügel hellrosa. Das Fleisch sollte fest und glatt sein. Fleisch, das schon länger gelagert wurde, hat einen ins bräunlich gehenden Ton und weist Druckstellen auf.

So können Sie das Fleisch zarter machen: Legen Sie das Fleisch über Nacht zum Beispiel in Milch, Buttermilch, Essig oder Wein ein. Durch dieses Marinieren wird es zarter und auch haltbarer. Und wenn Sie das Fleisch erst nach dem Braten salzen, bleibt es schön saftig

Nüsse – harte Schale, gesunder Kern.

Nüsse sind richtig gesund und dürfen deswegen bei LOGI auf keinen Fall fehlen. Sie bestehen zu 50–70 Prozent aus Fett, und zwar überwiegend aus hochwertigen, einfach ungesättigten Fettsäuren. Exzellent ist die Fettqualität der Walnuss: Sie ist reich an Omega-3-Fettsäuren und hat ein ausgezeichnetes Verhältnis von Omega-3- zu Omega-6-Fettsäuren. Nüsse enthalten außerdem hochwertige Eiweiße.

Nüsse können das Herz-Kreislauf-System schützen. Das verdanken sie zum einen der Aminosäure Arginin, zum anderen ihrem hohen Anteil an Ballaststoffen und hochwertigen Fettsäuren. Darüber hinaus protzen Nüsse nur so mit zellschützendem Vitamin E. Und sie enthalten die Vitamine Folsäure und Niacin, außerdem Magnesium, Kalium und Kupfer. Nüsse sind also wahre Kraftpakete.

Meine Einkaufstipps: Sehen Sie sich jede Nuss vor dem Verzehr genau an, denn Nüsse können durch falsche Lagerung oder Verpackung schnell zu gefährlichen Schimmelpilzträgern werden. Dadurch wird die gesunde Nuss zu einem hochgiftigen Lebensmittel, das nicht nur Darmverstimmungen, sondern auch Krebs hervorrufen kann.

Machen Sie beim Kauf von ganzen Nüssen in der Schale den Schütteltest: Hören Sie ein Klappern, ist die Nuss eingetrocknet und nicht mehr genießbar. In Plastikverpackungen können Nüsse eher schimmeln, da sich schneller Feuchtigkeit bildet. Wenn das Fett ranzig geworden ist, glänzen die Nüsse. Kaufen Sie »schön« glänzende Nüsse lieber nicht, und auch keine Nüsse mit schwarzen Flecken auf der Schale, das ist ebenfalls ein Zeichen für Schimmelbefall.

Eier – Freispruch für das gesunde Naturprodukt.

Sind Eier ungesund und erhöhen sie den Cholesterinspiegel? Ja, wenn Sie sich für Schokoladeneier entscheiden. Trotzdem glauben immer noch viele der Volksweisheit, dass Eier den Cholesterinspiegel erhöhen. Das wurde wissenschaftlich widerlegt! Studien bestätigen, dass das im Eigelb enthaltene Lecithin die Cholesterinaufnahme im Darm sogar blockiert. Das Cholesterin wird einfach wieder ausgeschieden. Ein Hühnerei ist in erster Linie mal sehr gesund, weil es viele wertvolle Stoffe enthält. Das Ei-Eiweiß hat die beste Qualität von allen Lebensmitteln, denn der Körper kann aus 50 Gramm Ei-Eiweiß 50 Gramm körpereigenes Eiweiß bilden. Hühnereier sind zudem reich an den Vitaminen D, B12, K und Biotin, enthalten viel Calcium, Selen und Eisen.

Mein Küchentipp: Machen Sie mit Eiern einen Frischetest, zum Beispiel den Schwimmtest. Legen Sie das Ei in ein Glas mit kaltem Wasser. Ist das Ei frisch, bleibt es unten liegen. Je älter das Ei ist, desto größer wird seine Luftkammer, darum wandert es im Wasserglas Richtung Oberfläche. Oder machen Sie den Schütteltest: Wenn Sie beim Schütteln des Eies ein gluckerndes Geräusch hören, ist das ein Zeichen für ein altes Ei – wegen der vergrößerten Luftkammer. Auch der Eidotter-Test gibt Auskunft über die Frische. Schlagen Sie das Ei auf und lassen Sie es auf einen Teller oder in eine Schüssel gleiten. Wenn der Eidotter schön gewölbt ist, in der Mitte bleibt und sich klar vom Eiklar abtrennt, ist das Ei frisch. Flache Eidotter sind ein Zeichen für alte Eier.

Mein Einkaufstipp: Achten Sie darauf, dass die Eier unversehrt und nicht verschmutzt sind. Am besten greifen Sie zu Eiern der Güteklasse A, diese haben die beste Qualität. Eier mit der Kennzeichnung »DE« stammen aus Deutschland und entsprechen einem von der EU-Kommission anerkannten Hygienecodex. Vor der Länderkennzeichnung wird noch eine Ziffer auf jedes Ei gedruckt. Diese erste Ziffer gibt Aufschluss über das Haltungssystem, aus dem das Ei stammt: »0« steht für ökologische Erzeugung, »1« für Freilandhaltung, »2« für Bodenhaltung und die Ziffer 3 für Käfighaltung. Bevorzugen Sie Eier aus ökologischer Erzeugung oder Freilandhaltung! Achten Sie außerdem auf das Mindesthaltbarkeitsdatum: Finger weg, wenn dieses fehlt.

Die Milch macht's!

Milch- und Milchprodukte sind ein wichtiger Bestandteil der LOGI-Ernährung, da sie hochwertige Eiweiße und viele Vitamine aus der B-Gruppe (B2 und B12) liefern. Außerdem liefern sie Kalzium, Kalium und Phosphor.

Milch und Milchprodukte enthalten viele gesättigte Fettsäuren. Um den Anteil dieser Fettsäuren zu Gunsten von einfach ungesättigten Fettsäuren und Omega-3-Fettsäuren zu reduzieren, sollte der Fettgehalt bei Milch, Joghurt und Co. den natürlichen Fettgehalt von 3,5 bis 3,8 Prozent nicht überschreiten. Bei Käse empfehle ich Sorten mit maximal 45 Prozent Fett in der Trockenmasse (F.i.Tr.). Milch enthält außerdem das Kohlenhydrat Laktose. Bevorzugen Sie deswegen Sauermilchprodukte wie Joghurt, Buttermilch, Kefir und Sauermilchkäse. Darin ist die Laktose durch die zugesetzten Milchsäurebakterien zum größten Teil vergoren.

Getränke – Wasser & Co.

In der LOGI-Pyramide zwar nicht abgebildet, aber ganz klar lebensnotwendig, sind die Getränke. Mindestens zwei Liter Flüssigkeit sollten Sie täglich trinken, und zwar in Form von Mineralwasser und Kräuter- oder Früchtetee; bei sportlicher Betätigung wegen des Schweißverlustes sogar noch entsprechend mehr.

Vorsicht ist bei Obstsäften angezeigt: Wenn Sie den ganzen Tag Saft trinken, um den Flüssigkeitsbedarf zu stillen, nehmen Sie damit reichlich Kalorien und Zucker auf. Bereits zwei Gläser Apfelsaft entsprechen einer glykämischen Last von 20 – das ist ziemlich viel und hat zudem einen sehr geringen Sättigungseffekt. Essen Sie stattdessen lieber frische Früchte. Nur bei lang andauernder sportlicher Betätigung brauchen Sie eine gewisse Menge an Kohlenhydraten. Dann sind verdünnte Obstsäfte wie Apfelsaftschorle (1 Teil Saft und 3 oder 4 Teile Wasser) prima geeignet.

Limonaden sind in der gesunden Ernährung tabu. Verzichten Sie besser auf Limonaden und andere gezuckerte Getränke. Dabei handelt es sich um wahre Zuckerbomben, die weder lebenswichtige Nährstoffe noch irgendwelche gesunden Begleitstoffe liefern. Die stark gezuckerten Getränke belasten die Bauchspeichedrüse und verhindern das Abnehmen.

Mit Alkohol sollten Sie Ihren täglichen Flüssigkeitsbedarf natürlich auch nicht decken. Alkohol ist ein Genussmittel und als solches sollten Sie ihn auch in Ihre Ernährung einbauen. Zum Essen hin und wieder ein Gläschen Wein oder Bier zu trinken, ist eine erlaubte Gaumenfreude. Doch zu viel Alkohol wirkt sich negativ auf die Fettverbrennung in der Muskulatur aus.

DIE REZEPTE.

Noch mehr Ideen und Anregungen für eine gesunde Ernährung nach der LOGI-Methode.

LOGI METHODE

1 FÜR **ACE-Booster.** 100 g Buttermilch. 50 ml Karottensaft. 100 ml frisch gepresster Orangensaft. ½ Banane. Frisch gepresster Saft von 1 Zitrone. 1 TL Walnussöl.

Alle Zutaten im Mixer oder mit dem Pürierstab gut verrühren.

1 FÜR **Birne-Kefir-Shake.** 1 reife, weiche Birne. 150 g Kefir. 40 ml Milch. 1 TL Sanddornsaft.

Die Birne waschen, schälen und in Würfel schneiden. Mit Kefir, Milch und Sanddornsaft im Mixer oder mit dem Pürierstab fein pürieren.

1 FÜR **Soja-Beeren-Schale.** 150 g Sojagurt, natur. ½ TL Honig. 1 EL Mineralwasser. 200 g gemischte Beeren. 1 EL Kokosflocken. 1 EL Sojaflocken.

Den Sojagurt mit Honig und Mineralwasser cremig rühren. Die Beeren verlesen, kurz mit Wasser abbrausen und in einem Sieb abtropfen lassen. Die Blütenkelche entfernen und große Beeren halbieren.

Die Beeren vorsichtig unter den Joghurt ziehen, mit Sojaflocken und Kokosflocken bestreuen.

tipp tipp

Die Shakes und Drinks dieser Seite schmecken nicht nur zum Frühstück: Die leicht gesüßten Drinks mit Früchten und Milchprodukten können Sie sich auch als sättigende Zwischenmahlzeit gönnen. Oder um Süßgelüste zu stillen... Je nach Jahreszeit und Vorlieben können Sie die Früchte auch variieren.

1 Portion ACE-Booster: *ca. 253 kcal, 6 g Eiweiß (9E%), 7 g Fett (26E%), 41 g Kohlenhydrate (65E%). Dieser Shake liefert nur 71 kcal pro 100 g.*

1 Portion Birne-Kefir-Shake: *ca. 194 kcal, 7 g Eiweiß (15E%), 7 g Fett (33E%), 26 g Kohlenhydrate (52E%). Dieser Shake liefert nur 54 kcal pro 100 g.*

1 Portion Soja-Beeren-Schale: *ca. 284 kcal, 18 g Eiweiß (24E%), 15 g Fett (46E%), 20 g Kohlenhydrate (30E%). Dieses Frühstück liefert nur 73 kcal pro 100 g.*

2 FÜR

Früchte-Nuss-Müsli. 1 große Grapefruit. 1 Orange. ½ Mango. ½ Papaya. 250 g Naturjoghurt. 10 Mandelblättchen. 1 TL gehobelte Haselnüsse. 10 g Kokosflocken.

Grapefruit und Orange mit der weißen Haut schälen, die Grapefruit in Würfel schneiden, die Orange filetieren. Mango und Papaya schälen, vom Kern bzw. den Kernchen befreien und die Früchte in Würfel schneiden. Joghurt mit Grapefruit, Orangen, Mango und Papaya mischen. Mandelblättchen und Haselnüsse in einer beschichteten Pfanne ohne Fett rösten. Die Kokosflocken dazugeben und noch kurz mitrösten. Den Früchte-Joghurt damit bestreuen.

1 FÜR

Apfel-Birne-Müsli mit Sprossen. ½ säuerlicher Apfel, z.B. Braeburn. ½ Birne. 200 g Vollmilchjoghurt. 1 EL Mineralwasser. 30 g Rettichsprossen. 2 TL Sojaflocken. ½ TL Honig.

Den Apfel und die Birne waschen, in Scheiben schneiden und auf einem Teller anrichten. Den Joghurt mit Mineralwasser cremig rühren und auf die Früchte gießen. Die Sprossen waschen, in einem Sieb trockenschütteln, auf den Quark streuen. Die Sojaflocken in einer Pfanne mit Honig anrösten und das Müsli damit bestreuen.

TIPP

Sie können statt Rettichsprossen auch Alfalfasprossen verwenden. Die übrigen Hälften von Apfel und Birne können Sie dazu oder als Zwischenmahlzeit essen; oder die Schnittflächen mit Zitronensaft beträufeln, luftdicht verpacken und bis zum nächsten Morgen kühl stellen.

1 FÜR

Knusper-Quarkmüsli mit Orangen. 2 Blutorangen. 50 g Quark (20% Fett). 100 g Vollmilchjoghurt. 2 EL frisch gepresster Orangensaft. 2 EL Mineralwasser. ½ TL Agavendicksaft. 1 TL Sesam.

Die Orangen mit der weißen Haut schälen und filetieren oder fein würfeln. Den Quark mit Joghurt, Orangensaft, Mineralwasser und Agavendicksaft cremig rühren. Die Orangenfilets vorsichtig unterheben. Den Sesam in einer Pfanne ohne Fett rösten und über den Orangenquark streuen.

1 Portion Früchte-Nuss-Müsli: *ca. 342 kcal, 14 g Eiweiß (15E%), 12 g Fett (30E%), 48 g Kohlenhydrate (55E%). Dieses Frühstück liefert nur 62 kcal pro 100 g.*

1 Portion Apfel-Birne-Müsli: *ca. 230 kcal, 11 g Eiweiß (19E%), 8 g Fett (32E%), 28 g Kohlenhydrate (49E%). Dieses Frühstück liefert nur 59 kcal pro 100 g.*

1 Portion Knusper-Quarkmüsli mit Orangen: *ca. 308 kcal, 15 g Eiweiß (19E%), 9 g Fett (26E%), 42 g Kohlenhydrate (55E%). Dieses Frühstück liefert nur 62 kcal pro 100 g.*

Kokoscreme mit Ananas und Kokoschips. 350 g Ananas (frisch oder ungezuckert aus der Dose). 200 g Naturjoghurt. 1 EL Kokoscreme. 25 g Kokosflocken. 2 EL Ananassaft (ungezuckert).

2 FÜR

6 Ananaswürfel zum Garnieren beiseite legen, die anderen Ananaswürfel auf zwei Glasschälchen verteilen. Joghurt mit Kokoscreme, Kokosflocken und Ananassaft verrühren. Über die Ananaswürfelchen gießen und mit Ananas garnieren.

Apfelschaum mit Knusperflocken. 3 kleine, säuerliche Äpfel, z.B. Cox Orange. 75 ml Wasser. Etwas Zitronensaft. 1½ TL Agavendicksaft. 1 EL Sojaflocken. 2 Eiweiße. 2 EL Naturjoghurt. 2 TL Getreideflocken.

2 FÜR

2 Äpfel waschen, trockentupfen, den Stiel entfernen und die ungeschälten Äpfel vierteln. Das Wasser mit Zitronensaft und 1 TL Agavendicksaft in einem kleinen Topf erhitzen, die Apfelviertel darin etwa 10 Minuten kochen. Anschließend durch ein Sieb passieren oder durch die Kartoffelpresse drücken. Kalt stellen. Die Sojaflocken mit ½ TL Agavendicksaft in einer Pfanne ohne Fett rösten. Den Joghurt unter den Apfelbrei mischen. Die Eiweiße steif schlagen und vorsichtig unterheben. Den dritten Apfel waschen, halbieren, das Kerngehäuse heraus schneiden und den Apfel in dünne Scheiben oder Würfelchen schneiden. Den Apfelschaum mit Apfelstückchen und Sojaflocken bestreuen.

TIPP *Sie können das Apfelmus auch mit Zimt oder Vanillemark würzen.*

Gebackene Eier mit Speck in Tomaten. 2 Fleischtomaten. 2 Eier. 2 EL Milch. 3 TL Schnittlauchröllchen. ½ TL Butter. 30 g gewürfelter Speck. Nach Geschmack Salz und Pfeffer.

2 FÜR

Den Backofen auf 200° (Umluft 180°) vorheizen. Die Tomaten waschen, trockentupfen, einen »Deckel« abschneiden und den Stielansatz entfernen. Die Tomaten leicht aushöhlen und in eine Souffleéform setzen. Die Eier mit der Milch verquirlen, mit Salz, Pfeffer und 2 TL Schnittlauchröllchen würzen. In einer beschichteten Pfanne die Butter erhitzen, den Speck darin kurz anbraten und anschließend in die Eiermasse rühren. Die Tomaten mit der Eiermasse füllen und im Backofen (Mitte) etwa 15 Minuten backen. Mit dem restlichen Schnittlauch bestreuen und servieren.

1 Portion Kokoscreme mit Ananas: *ca. 341 kcal, 15 g Eiweiß (17E%), 17 g Fett (43E%), 34 g Kohlenhydrate (40E%). Dieses Frühstück liefert nur 90 kcal pro 100 g.*

1 Portion Apfelschaum: *ca. 200 kcal, 10 g Eiweiß (19E%), 4 g Fett (17E%), 33 g Kohlenhydrate (64E%). Dieses Frühstück liefert nur 66 kcal pro 100 g.*

1 Portion gebackene Eier: *ca. 186 kcal, 12 g Eiweiß (27E%), 13 g Fett (62E%), 5 g Kohlenhydrate (11E%). Dieses Frühstück liefert nur 77 kcal pro 100 g.*

2 FÜR

Feldsalat mit gratiniertem Sesam-Ziegenkäse. 125 g Feldsalat. 125 g Ziegenkäse (Rolle). 1 TL Agavendicksaft. 2 EL Sesam. 200 g Champignons. 1½ EL Olivenöl. 150 g Cocktail-Tomaten. 2 EL dunkler Balsamessig (Aceto balsamico). 1 TL Dijon-Senf. 2 EL Wasser. Nach Geschmack Salz und Pfeffer aus der Mühle.

Den Backofen auf 180° (Oberhitze) vorheizen. Den Feldsalat waschen und auf zwei Tellern anrichten. Den Ziegenkäse in 2 cm dicke Scheiben schneiden, beidseitig mit Agavendicksaft bepinseln und im Sesam wenden.

Die Ziegenkäse-Taler auf einem mit Backpapier belegten Blech im Backofen backen, bis der Käse zu zerlaufen beginnt.

Die Champignons trocken abreiben und in feine Scheiben schneiden. 1 TL Öl in einer Pfanne erhitzen, die Champignons darin andünsten. Mit Salz und Pfeffer würzen.

Die Tomaten waschen, halbieren und zusammen mit den Champignons und den Ziegenkäse-Talern auf dem Feldsalat anrichten.

Für die Vinaigrette den Essig und 1 Messerspitze Salz verrühren. Dijon-Senf und Öl unterschlagen. Wenn das Dressing zu dickflüssig ist, mit etwas Wasser verdünnen. Den Salat mit der Vinaigrette beträufeln, eventuell am Tisch mit Salz und Pfeffer würzen.

TIPP *Verrühren Sie Essig und Gewürze mit einem Milchaufschäumer, das Dressing wird dann schön cremig.*

INFO INFO INF *Der Genuss von Ziegenkäse hat in Frankreich eine lange Tradition. Noch heute wird dort die größte Vielfalt an Geschmacksrichtungen, Formen und Reifestadien angeboten. Heißer Ziegenkäse, »chevre chaud«, ist in Frankreich sehr beliebt, die Kombination mit Feldsalat ist klassisch. Im Supermarkt wird französischer Ziegenkäse sowohl an der Käsetheke wie auch im Kühlregal als Rolle angeboten. Diese eignet sich besonders gut für dieses Rezept.*

1 Portion Feldsalat mit Ziegekäse: *ca. 348 kcal, 17 g Eiweiß (21E%), 27 g Fett (69E%), 8 g Kohlenhydrate (10E%). Dieses leichte Hauptgericht liefert nur 99 kcal pro 100 g.*

FÜR 2

Apfel-Chicorée-Salat. **200 g Chicorée. 2 kleine Äpfel, z.B. Braeburn. 1 EL Walnusskerne. 1 EL Sherry-Essig. 1 EL Orangensaft. 3 EL saure Sahne. Nach Geschmack Salz und Pfeffer.**

Den Chicorée waschen, halbieren, den festen Stielansatz entfernen und den Chicorée in Streifen schneiden. Die Äpfel schälen, vierteln, entkernen und in Scheiben schneiden. Die Walnusskerne hacken.

Essig, Salz, Pfeffer und den Orangensaft mischen. Mit der sauren Sahne zu einem glatten Dressing verrühren. Chicorée, Äpfel und gehackte Walnüsse mischen und diesen Salat mit dem Dressing beträufeln.

FÜR 2

Spargelsalat mit Erdbeeren und Rucola. **Insgesamt 300 g weißer und grüner Spargel. 2 EL Himbeeressig. 1 EL Walnussöl. ½ TL Akazienhonig. Ein paar Minzeblättchen. 150 g Erdbeeren. 125 g Rucola. Nach Geschmack Salz und rosa Pfeffer.**

Den weißen Spargel vollständig, den grünen nur im unteren Drittel schälen. In Salzwasser mit etwas Zucker in 8–10 Minuten (grün) bzw. 15–20 Minuten (weiß) bissfest garen. Herausheben und abtropfen lassen.

Inzwischen Essig, Öl, Honig und 1 EL Spargelkochwasser verrühren. Die Minzeblättchen waschen, trockentupfen und fein hacken. In das Dressing rühren.

Die Erdbeeren vorsichtig waschen, trockentupfen, entkelchen und in Scheiben schneiden. Den Rucola verlesen, waschen, trockenschleudern und auf zwei Tellern anrichten. Den Spargel und die Erdbeeren dekorativ darauf anrichten, mit dem Dressing beträufeln. Nach Geschmack salzen und mit rotem Pfeffer bestreuen.

TIPP TIPP TIPP

Soll es etwas Besonderes sein? Zu diesem Mai-Salat passt gebratene Entenbrust.

Machen Sie vor dem Kauf den Frischetest: Der Spargel sollte glatte Schnittflächen haben. Beim Zusammendrücken derselben sollte Saft austreten. Der Spargel darf nicht säuerlich riechen und die Stangen sollten so knackig sein, dass sie beim Biegen sofort durchbrechen.

1 Portion Apfel-Chicorée-Salat: *ca. 182 kcal, 4 g Eiweiß (9E%), 9 g Fett (45E%), 22 g Kohlenhydrate (46E%). Dieser Salat liefert nur 65 kcal pro 100 g.*

1 Portion Spargelsalat: *ca. 122 kcal, 6 g Eiweiß (18E%), 7 g Fett (49E%), 10 g Kohlenhydrate (33E%). Dieser Salat liefert nur 39 kcal pro 100 g.*

Scharfer Orangensalat nach sizilianischer Art. 3 Orangen, vorzugsweise Blutorangen. 1 rote Zwiebel. 2 EL schwarze Oliven mit Stein. 2 EL Olivenöl. Nach Geschmack Salz, bunter Pfeffer aus der Mühle und 1 kleine rote Chilischote.

2 FÜR

Die Orangen mit der weißen Haut schälen und filetieren. Die Filets auf zwei Tellern anrichten.

Die Zwiebel abziehen und in Ringe schneiden. Die Oliven entsteinen und halbieren. Beides über die Orangen streuen. Eventuell 1 kleine Chili waschen, entkernen, in feine Ringe schneiden und ebenfalls darüber streuen.

Den Orangensalat mit Salz und Pfeffer würzen und mit dem Öl beträufeln.

TIPP *Sardellen passen sehr gut zu diesem Orangensalat.*

Italienischer Bohnensalat. 500 g grüne Bohnen. 150 g Cocktail-Tomaten. 50 g getrocknete Tomaten in Öl. 25 g schwarze Oliven mit Stein. 80 g Fetakäse. 2 EL Olivenöl. Nach Geschmack Salz, Pfeffer aus der Mühle und dunkler Balsamessig (Aceto balsamico).

2 FÜR

Die Bohnen putzen, waschen und in reichlich Salzwasser in 10–12 Minuten bissfest kochen. Die Bohnen in einem Sieb gut abtropfen und etwas abkühlen lassen.

In der Zwischenzeit die Cocktail-Tomaten waschen und halbieren. Die getrockneten Tomaten abtropfen lassen und in feine Streifen schneiden. Die Oliven entsteinen und vierteln. Den Feta würfeln.

Die Bohnen mit Tomaten, Oliven, Feta und dem Öl gut mischen. Mit Salz, Pfeffer und Essig abschmecken.

TIPP *Achtung – grüne Bohnen niemals roh verzehren! Sie enthalten einen Giftstoff, das Phasin, das erst durch längeres Kochen – mindestens 10 Minuten – unschädlich gemacht wird.*

1 Portion Orangensalat: *ca. 255 kcal, 6 g Eiweiß (8E%), 16 g Fett (56E%), 23 g Kohlenhydrate (36E%). Dieser Salat liefert nur 92 kcal pro 100 g.*

1 Portion italienischer Bohnensalat: *ca. 328 kcal, 14 g Eiweiß (18E%), 25 g Fett (67E%), 12 g Kohlenhydrate (15E%). Dieses Gericht liefert nur 82 kcal pro 100 g.*

2 FÜR

Rote-Bete-Carpaccio auf Rucola. 400 g Rote Bete (ersatzweise auch vorgekocht und abgepackt). 70 g Rucola. 10 g Pinienkerne. 1–2 EL dunkler Balsamessig (Aceto balsamico). 1 EL Olivenöl. 1 TL Dijon-Senf. 40 g Parmesan. Nach Geschmack Salz und schwarzer Pfeffer aus der Mühle.

Die Roten Beten in reichlich Salzwasser etwa 1 Stunde kochen. Anschließende herausnehmen, abkühlen lassen und in ganz dünnen Scheiben schneiden.

Den Rucola waschen, trockenschleudern und auf einem großen Teller verteilen. Die Rote-Bete-Scheiben darauf dachziegelartig anrichten und mit Salz und Pfeffer würzen.

Die Pinienkerne in einer beschichteten Pfanne ohne Fett anrösten. Das Rote-Bete-Carpaccio gleichmäßig damit bestreuen. Den Parmesan grob raspeln und ebenfalls darüber streuen.

Den Essig mit einer Prise Salz vermengen und mit dem Mixer, wahlweise auch mit dem Milchaufschäumer, cremig rühren. Öl und Dijon-Senf dazugeben und rühren, bis das Dressing eine sämige Konsistenz bekommt. Ist das Dressing zu dickflüssig, noch etwas Wasser dazugeben. Das Dressing über den Salat träufeln.

INFO INFO

Die vitamin- und mineralienreiche Rote Bete wird ganzjährig angeboten. Die lange Garzeit von einer Stunde können Sie auf 20 Minuten verkürzen, indem Sie sie im Dampfdruckkochtopf garen. Schrecken Sie sie nach dem Kochen kurz mit kaltem Wasser ab, dann lässt sich Rote Bete leicht schälen.

1 Portion Rote-Bete-Carpaccio auf Rucola: *ca. 227 kcal, 11 g Eiweiß (20E%), 16 g Fett (62E%), 10 g Kohlenhydrate (18E%). Dieser Salat liefert nur 100 kcal pro 100 g.*

FÜR 2

Gebratene Austernpilze mit Avocado auf Blattsalat. 300 g Austernpilze. 1 Ei. 40 g gemahlene Haselnüsse. 2 EL Rapsöl. ½ Avocado. 200 g Tomaten. 150 g Blattsalat, z.B. Lollo Rosso. 3 EL Balsamico-Dressing (Rezept Seite 85). 1 Scheibe Vollkornbaguette.

Die Austernpilze putzen und halbieren bzw. vierteln. Das Ei verquirlen. Die glatte Oberseite der Austernpilze damit dünn bestreichen und in die gemahlenen Haselnüsse tauchen.

Das Öl in einer beschichteten Pfanne erhitzen und die Austernpilze zuerst auf der Nuss-Seite braten, dann wenden und auf der Unterseite braten. Garen bis sie leicht gebräunt sind.

Währenddessen die Avocado längs halbieren, den Kern entfernen, das Fruchtfleisch schälen und in Scheiben schneiden. Die Tomaten waschen, vom Stielansatz befreien und klein würfeln.

Den Salat waschen, trockenschleudern und auf einem Teller anrichten. Avocadoscheiben, Tomatenwürfel und die gebratenen Austernpilze darüber verteilen. Mit Salz und Pfeffer würzen.

Das Balsamico-Dressing darüber träufeln. Dazu können Sie je 30 g Vollkornbaguette essen, da das Gericht eine sehr niedrige glykämische Last hat.

Tipp ***Noch schneller ist das Gericht zubereitet, wenn Sie auf die Nuss-Panade der Pilze verzichten.***

1 Portion gebratene Austernpilze: *ca. 521 kcal, 13 g Eiweiß (11E%), 41 g Fett (69E%), 31 g Kohlenhydrate (20E%). Dieses leichte Hauptgericht liefert nur 109 kcal pro 100 g.*

Die Artischocke ist ein tolles Gemüse. Sie ist nicht nur gesund und erleichtert die Fettverdauung, sondern liefert darüber hinaus ein tolles mediterranes Aroma. Und sie ist vielfältig in ihrer Anwendung: Man kann sie roh oder gekocht, im Ganzen oder auch nur das Artischockenherz essen. Die größte Herausforderung scheint, dieses Herzstück herauszuschneiden – hört sich kompliziert an, ist aber ganz einfach. Mein Tipp: Die Artischockenherzen immer gleich mit Zitronensaft beträufeln, da sie sonst schnell schwarz werden.

4 FÜR

Artischocken-Fenchelsalat mit Knusper-Garnelen. 3 große Artischocken. 2 Fenchelknollen. 2 Zweige Basilikum. Saft und abgeriebene Schale von ½ Zitrone. 2 EL Olivenöl. 1 EL Pinienkerne. 1 EL weißer Balsamessig (Balsamico bianco). 1 EL Nussöl. 12 große Riesengarnelen, küchenfertig. 1 TL dunkler Balsamessig (Aceto balsamico). 2 TL Stärke. 2 TL Kichererbsenmehl. 6 cl Weißwein. 1 Eiweiß. 50 g Eiswürfel, zu Eiswasser geschmolzen. Etwa 100 ml Rapsöl zum Ausbacken. Nach Geschmack Salz und Pfeffer.

Die Artischockenböden mit einem scharfen Messer von den äußeren Blättern befreien, bis der Boden sauber sichtbar ist. Mit einem Kugelausstecher das Stroh der Artischockenböden ausstechen. Den Fenchel putzen und waschen. Die Basilikumblättchen abzupfen, einige Blättchen zum Garnieren beiseite legen und die übrigen in feine Streifen schneiden.

Den geputzten Artischockenboden und den Fenchel dünn hobeln. Mit Zitronensaft und -schale, Olivenöl, Pinienkernen, Basilikum, weißem Balsamessig, Salz und Pfeffer mischen, mit Nussöl verfeinern und 20 Minuten zugedeckt marinieren.

Für den Knusperteig Stärke und Kichererbsenmehl mischen. Mit Weißwein, dem Eiweiß und den geschmolzenen Eiswürfeln zu einem dickflüssigen Teig verrühren. Die Garnelen waschen, trockentupfen und, falls noch vorhanden, den schwarzen Darm entfernen.

Das Rapsöl im Wok oder einer tiefen, großen Pfanne erhitzen bis es raucht. Die Garnelen durch den Ausbackteig ziehen und bei etwa 160° in Fett schwimmend kross anbraten. Auf Küchenpapier leicht entfetten.

Auf vier Tellern den Artischocken-Fenchelsalat mit je 3 Knusper-Garnelen anrichten. Den Teller mit dunklem Balsamessig verzieren und mit Basilikumspitzen garnieren.

1 Portion Artischocken-Salat mit Garnelen: *ca. 421 kcal, 30 g Eiweiß (30E%), 25 g Fett (53E%), 17 g Kohlenhydrate (17E%). Dieses Hauptgericht liefert nur 81 kcal pro 100 g.*

Fruchtsalat mit Sprossen. 2 Orangen. 2 rosa Grapefruits. 1 EL frisch geriebener Ingwer. 1 TL Honig. 1 kleine Chilischote. 1 unbehandelte Zitrone. 2 Kiwis. 1 Papaya. 1 Schale Erdbeeren. 1 rote Paprika. 2 Schalen Alfalfasprossen. 1 Schale Erbsensprossen. 1 Bund Zitronenmelisse.

Die Orangen und Grapefruits schälen und auspressen. Die Zitrone heiß waschen, die Schale abreiben und den Saft auspressen. Den Orangen-Grapefruitsaft mit dem fein geriebenen Ingwer, Honig, fein gehackter Chili und Zitronenschale mischen. Mit Zitronensaft abschmecken. Die Kiwis und die Papaya schälen, die Papaya entkernen und die Früchte in Scheiben schneiden. Die Erdbeeren waschen, abtropfen lassen und die Blütenkelche entfernen. Die Beeren halbieren oder vierteln. Die Paprika waschen, putzen und in Rauten schneiden. Früchte und Paprika vorsichtig mischen, das Orangendressing unterheben. Alle Sprossen in einem Sieb abbrausen und abtropfen lassen. Die Zitronenmelisse waschen, trockenschütteln und in feine Streifen schneiden. Mit den rohen Sprossen unter den Salat heben. Etwa 20 Minuten ziehen lassen und servieren.

Tipp ***Auf die Erdbeeren außerhalb der Saison besser verzichten. Sie können dann zum Beispiel eine dritte Orange schälen, filetieren und unter den Salat mischen.***

Varianten: Auch etwas fein gehackter Rosmarin und Thymian passen gut zum Salat. Wer etwas »zum Beißen« braucht, kann dazu Krustentiere, Geflügel oder auch gebackenen Käse servieren.

1 Portion Fruchtsalat mit Sprossen: *ca. 196 kcal, 4 g Eiweiß (15E%), 2 g Fett (6E%), 35 g Kohlenhydrate (79E%). Diese Vorspeise liefert nur 41 kcal pro 100 g.*

4 FÜR

Linsen-Rucola-Salat mit Ziegenmilch-Gouda. 125 g Puy-Linsen. 250 ml Gemüsebrühe. 200 g Rucola. 1 rosa Grapefruit. 150 g Ziegenmilch-Gouda. ½ Bund Schnittlauch. 2 EL Nussöl. 1–2 EL Zitronensaft. Nach Geschmack Salz und weißer Pfeffer.

Die Linsen in der Gemüsebrühe etwa 25 Minuten garen. In der Brühe erkalten lassen, dann erst abgießen und die Kochflüssigkeit auffangen. Den Rucola verlesen, waschen und trockenschleudern. Grobe Stiele abzwicken, große Blätter in mundgerechte Stücke zupfen. Die Grapefruit schälen und das Fruchtfleisch aus den Segmenten lösen (filetieren), dabei den Fruchtsaft auffangen. Die Grapefruitfilets nach Belieben etwas kleiner schneiden. Den Gouda in kleine Würfel schneiden. Den Schnittlauch waschen, trockenschütteln und in 3–4 cm lange Röllchen schneiden. Die aufgefangene Linsenbrühe mit dem Grapefruitsaft, Nussöl und Zitronensaft zu einem Dressing verrühren. Mit Salz und Pfeffer abschmecken. Linsen, Rucola, Grapefruit, Käse und Schnittlauch locker miteinander mischen, das Dressing untermengen. Den Linsen-Rucola-Salat sofort servieren.

Tipp Tipp

Der Salat schmeckt auch mit roten Linsen. Dann verkürzt sich die Garzeit der Linsen auf 10–15 Minuten. Der Rucola kann durch Feldsalat, die Grapefruit durch zwei kleine Orangen ersetzt werden. Und wer keinen Ziegenmilch-Gouda bekommt, verwendet mittelalten Gouda aus Kuhmilch.

1 Portion Linsen-Rucola-Salat: *ca. 315 kcal, 6 g Eiweiß (22E%), 7 g Fett (53E%), 7 g Kohlenhydrate (25E%). Dieser Salat liefert nur 111 kcal pro 100 g.*

Lamm-Eintopf mit Kichererbsen. 250 g mageres Lammfleisch, z.B. Lammlachse oder Lammfilet. ½ Gemüsezwiebel (etwa 70 g). 200 g Spitzpaprika. 200 g Tomaten. 200 g Kichererbsen aus der Dose. 2 EL Olivenöl. 100 ml Wasser. 2 TL Sauerrahm. Nach Geschmack frisch gehackte Petersilie, Salz, Pfeffer und edelsüßes Paprikapulver.

Das Lammfleisch in mundgerechte Würfel schneiden. Die Zwiebel abziehen und in Würfel schneiden. Die Paprika waschen, putzen und in mundgerechte Stücke schneiden. Die Tomaten waschen, vom Stielansatz befreien und klein würfeln. Die Kichererbsen in einem Sieb abtropfen lassen.

Das Öl in einem Topf erhitzen. Das Lammfleisch bei starker Hitze von allen Seiten gut anbraten. Die Zwiebel hinzufügen und bräunen lassen.

Mit Salz und Pfeffer würzen. Die Tomaten hinzugeben und kurz mitbraten. Das Wasser dazugießen und alles einmal aufkochen lassen. Paprika und Kichererbsen zugeben und alles noch 20 Minuten bei schwacher Hitze zugedeckt köcheln lassen. Mit Paprika, Salz und Pfeffer abschmecken. Mit einem Klecks Sauerrahm und der gehackten Petersilie servieren.

Spanischer Kichererbseneintopf. 50 g Zwiebel. 1 kleine Knoblauchzehe. 1 EL Olivenöl. 200 g Kichererbsen aus der Dose. 80 g Staudensellerie. 250 g Fleischtomaten. 400 ml Gemüsebrühe. 150 g Blattspinat. 2 Eier. Nach Geschmack Salz und Pfeffer.

Zwiebel und Knoblauch abziehen und fein würfeln. Die Kichererbsen in einem Sieb abtropfen lassen. Sellerie und Tomaten waschen, putzen und in Würfelchen schneiden.

Das Öl in einem Topf erhitzen, Zwiebel und Knoblauch glasig dünsten. Die Kichererbsen hinzufügen, 2 Minuten mitdünsten. Mit Salz und Pfeffer würzen. Sellerie und Tomaten dazugeben, etwa 5 Minuten köcheln lassen. Währenddessen den Blattspinat verlesen, waschen, trockenschleudern und grob hacken. In den Topf geben und alles 15 Minuten bei mittlerer Hitze köcheln lassen.

In der Zwischenzeit die Eier 10 Minuten kochen, abschrecken, pellen und hacken. Den Kichererbseneintopf mit Salz und Pfeffer kräftig abschmecken, mit Ei bestreut servieren.

1 Portion Lamm-Eintopf mit Kichererbsen: *ca. 488 kcal, 46 g Eiweiß (38E%), 21 g Fett (38E%), 28 g Kohlenhydrate (24E%). Dieses Hauptgericht liefert nur 102 kcal pro 100 g.*

1 Portion spanischer Kichererbseneintopf: *ca. 361 kcal, 20 g Eiweiß (24E%), 19 g Fett (47E%), 25 g Kohlenhydrate (29E%). Dieser Eintopf liefert nur 60 kcal pro 100 g.*

SEITE 70

Kichererbseneintopf mit Hähnchen. **300 g Kichererbsen aus der Dose. 1 Liter Gemüsebrühe. 2 Möhren. 1 Stange Lauch. 150 g Champignons. 200 g Hähnchenbrustfilet. 1 kleine Dose geschälte Tomaten (400 g). 2 TL Tomatenmark. 1 EL Crème fraîche. 4 EL Kokosmilch. Nach Geschmack Salz, Pfeffer, scharfes Curry- und Chilipulver.**

4 FÜR

Die Kichererbsen in der kochenden Gemüsebrühe 7 Minuten garen. In der Zwischenzeit die Möhren und den Lauch putzen, waschen und in Scheiben schneiden. Das Hähnchenfilet kalt abspülen, trockentupfen und in Streifen schneiden.

Gemüse, Pilze und Fleisch zu den Kichererbsen geben. Die geschälten Tomaten abtropfen, mit der Gabel zerdrücken und ebenfalls dazugeben. Mit Curry- und Chilipulver, Salz und Pfeffer würzen und noch etwa 10 Minuten köcheln lassen. Die Champignons trocken abreiben und blättrig schneiden. Mit Tomatenmark, Crème fraîche und Kokosmilch in den Eintopf geben und noch 5 Minuten garen.

Linseneintopf mit Würstchen. **170 g Puy-Linsen. 125 g Tomaten. 125 g Möhre. 125 g Sellerie. 125 g Zucchini. 50 g Zwiebel. 1 kleine Knoblauchzehe. 1 EL Olivenöl. 300 ml Gemüsebrühe. 2 Wiener Würstchen. 1 Spritzer dunkler Balsamessig (Aceto balsamico). Nach Geschmack Salz und Pfeffer.**

2 FÜR

Die Linsen waschen und in einem Sieb abtropfen lassen. Das Gemüse putzen, waschen und in kleine Würfel schneiden. Zwiebel und Knoblauch abziehen, die Zwiebel fein würfeln.

Das Öl in einem großen Topf erhitzen. Die Zwiebeln darin glasig dünsten. Den Knoblauch dazupressen, die Linsen dazugeben und beides kurz mit anbraten. Das Gemüse dazugeben und noch 1–2 Minuten unter Rühren braten.

Die Gemüsebrühe angießen und alles bei schwacher Hitze im geschlossenen Topf 30–40 Minuten köcheln lassen, bis die Linsen gar sind. Mit Salz und Pfeffer abschmecken.

Die Würstchen in der Suppe erhitzen. Vor dem Servieren nach Geschmack mit Essig verfeinern.

1 Portion Kichererbseneintopf: *ca. 437 kcal, 38 g Eiweiß (35E%), 14 g Fett (29E%), 38 g Kohlenhydrate (36E%). Dieser Eintopf liefert nur 46 kcal pro 100 g.*

1 Portion Linseneintopf mit Würstchen: *ca. 355 kcal, 16 g Eiweiß (20E%), 25 g Fett (63E%), 15 g Kohlenhydrate (17E%). Dieser Eintopf liefert nur 57 kcal pro 100 g.*

2 FÜR

Thailändische Garnelensuppe. 2 Frühlingszwiebeln. 1 Stange Zitronengras. 1 Möhre. 100 g Champignons. 1 EL Walnussöl. 1 EL fein gehackter Ingwer. 400 ml Fischfond. 3 EL asiatische Fischsauce. ½ TL oder nach Geschmack rote Currypaste. 100 ml ungesüßte Kokosmilch. 150 g Garnelen (tiefgefroren). 1 Messerspitze Sambal oelek. 1 EL frisch gehackter Koriander. Nach Geschmack Salz und Currypulver.

Die Frühlingszwiebeln, das Zitronengras und die Möhre putzen, waschen und in dünne Scheiben schneiden. Die Champignons abreiben und in blättrig schneiden. Das Walnussöl in einem Topf oder einer großen Pfanne erhitzen. Frühlingszwiebeln, Zitronengras und Ingwer darin kurz dünsten. Fischfond, Fischsauce, Curry, Kokosmilch und Currypulver unterrühren. Möhren- und Champignonscheiben dazugeben und alles 3 Minuten köcheln.

In der Zwischenzeit die Garnelen waschen, den Darm entfernen. Die Garnelen in die Suppe geben, diese mit Salz und Sambal oelek abschmecken und insgesamt noch 5 Minuten köcheln lassen. Die thailändische Garnelensuppe mit dem frisch gehackten Koriander anrichten.

1 Portion thailändische Garnelensuppe: *ca. 235 kcal, 23 g Eiweiß (40E%), 12 g Fett (43E%), 9 g Kohlenhydrate (17E%). Diese Suppe liefert nur 48 kcal pro 100 g.*

Tomaten-Cremesuppe. 1 große rote Paprikaschote. 4 Strauchtomaten. 2 Schalotten. 1 EL Olivenöl. 400 ml Gemüsebrühe. 1 EL Tomatenmark. 1 kleine gelbe Paprikaschote. 1 EL Crème fraîche. Nach Geschmack frischer Thymian, Korianderpulver, Cayennepfeffer, Chilipulver, rosenscharfes Paprikapulver und Salz.

FÜR 2

Den Backofen auf 200° (Umluft 180°) vorheizen. Die rote Paprika waschen und vierteln. Die Tomaten waschen, auf der Unterseite kreuzweise einritzen. Ein Backblech mit Backpapier belegen, Tomaten und die rote Paprika darauf legen und im Backofen etwa 10 Minuten garen, bis sich die Haut in Blasen anhebt.

Währenddessen die Schalotten abziehen und in Ringe schneiden. Die Haut der Tomaten und der Paprikaviertel abziehen, das Fruchtfleisch in Stücke schneiden.

Das Öl in einem Topf erhitzen. Die Schalotten darin anschwitzen. Tomaten und rote Paprika hinzufügen und 3 Minuten köcheln lassen. Die Gemüsebrühe und das Tomatenmark dazugeben und alles pürieren.

Mit Koriander, Cayennepfeffer, Chili, Paprika und Salz abschmecken und weitere 5 Minuten bei niedriger Hitze garen. Die gelbe Paprika waschen, putzen und in sehr kleine Würfel schneiden. Mit Crème fraîche zur Suppe geben noch 10 Minuten köcheln lassen. Die Suppe mit Thymianblättchen bestreut servieren

tipp tipp

Nehmen Sie Tomaten und rote Paprika aus dem Backofen und legen Sie sie zum »Schwitzen« noch für einige Minuten in einen Plastikbeutel. Den Beutel gut verschließen, dann entwickeln sich darin Dämpfe, die bewirken, dass sich die Haut noch besser löst.

1 Portion Tomaten-Cremesuppe: *ca. 212 kcal, 6 g Eiweiß (12E%), 13 g Fett (53E%), 18 g Kohlenhydrate (35E%). Diese Suppe liefert nur 39 kcal pro 100 g.*

Rettich find' ich sehr spannend. Viele kennen ihn nur als Bierbegleiter, das ist echt schade. Denn der Rettich hat durch seinen hohen Wassergehalt eine sehr erfrischende Wirkung und dabei sehr wenige Kalorien. Seine Schärfe kurbelt den gesamten Stoffwechsel an. Vitalstoffe hat er auch jede Menge, also esst mehr Rettich!

4 FÜR

Rettichsuppe. 1 mittelgroßer Rettich (etwa 300 g). 1 Zwiebel. 20 g Butter. 2 EL gekörnte Brühe. 250 g Sahne. Nach Geschmack Salz, Pfeffer und Muskatnuss.

Den Rettich schälen und in kleine Würfel schneiden. Die Zwiebel abziehen und fein würfeln, in der heißen Butter glasig dünsten.

Die Rettichstücke kurz mitbraten, mit gekörnter Brühe, Salz, Pfeffer und Muskat würzen, mit 500 ml heißem Wasser auffüllen. Etwa 15 Minuten leise kochen lassen, bis der Rettich weich ist. Die Sahne hinzugeben und einmal aufkochen lassen. Pürieren oder durch ein Sieb passieren. Mit Salz, Pfeffer und Muskat abschmecken.

2 FÜR

Gemüse-Consommé mit Champignons. 150 g Knollensellerie. 200 g Möhren. 100 g Kohlrabi. 75 g Lauch. 1 Bund Petersilie. 1 Zwiebel. 1 Knoblauchzehe. 1 EL Olivenöl. 5 mittelgroße Champignons. Nach Geschmack Muskat, Salz und Pfeffer.

Das Gemüse putzen, waschen, schälen und in Würfel bzw. Scheiben schneiden. Etwas Petersilie zum Garnieren beiseite legen. Die restlichen Stängel waschen und grob hacken. Zwiebel und Knoblauch abziehen und fein würfeln. Sellerie, Möhren, Kohlrabi, Lauch, Petersilie, Zwiebel und Knoblauch in 1 l kochendes Salzwasser geben und in etwa 20 Minuten weich kochen. Mit Pfeffer und Muskat würzen und mit dem Öl verfeinern.

Inzwischen die Champignons trocken abreiben und in feine Scheiben schneiden. Die Gemüsebrühe durch ein Sieb abseihen und auffangen – das Gemüse wird nicht weiter verwendet. Die Champignons in dieser Gemüsebrühe 6–7 Minuten garen. Die Consommé mit Petersilie garnieren.

TIPP ***Sie können die Ricotta-Gnocchi auf Seite 94 als Markklößchenersatz in die Suppe geben.***

1 Portion Rettichsuppe: *ca. 237 kcal, 3 g Eiweiß (5E%), 22 g Fett (86E%), 5 g Kohlenhydrate (9E%). Diese Suppe liefert nur 82 kcal pro 100 g.*

1 Portion Gemüse-Consommé mit Champignons: *ca. 39 kcal, 3 g Eiweiß (21%), 3 g Fett (61%), 2 g Kohlenhydrate (18 %) Diese Suppe liefert nur 7 kcal pro 100 g.*

SEITE 75

SEITE 76

Kürbissuppe. 2 Schalotten. 400 g Muskatkürbis. 100 g Möhren. 50 g Lauch. 15 g Butter. 1 EL Tomatenmark. 150 ml Weißwein. 400 ml Geflügelbrühe. 180 g Sahne. 1 EL Vollmilch. Nach Geschmack Salz und Cayennepfeffer.

4 FÜR

Die Schalotten abziehen und fein würfeln. Den Kürbis schälen, entkernen und würfeln. Möhren und Lauch putzen, waschen und in Scheiben bzw. Ringe schneiden. Die Butter erhitzen, Schalotten, Kürbis, Möhren und Lauch darin anschwitzen. Das Tomatenmark zugeben und kurz rösten. Mit Weißwein ablöschen, Brühe, Sahne und Milch angießen.

Etwa 10 Minuten bei mittlerer Hitze weich kochen lassen. Anschließend fein pürieren und mit Salz und Pfeffer abschmecken.

Schaumsüppchen von Zuckerschoten mit Flusskrebsen. 2 Schalotten. 2 Zweige Pfefferminze und einige Blättchen zur Dekoration. 15 g Butter. 4 cl Noilly Prat (Wermut). 4 cl Weißwein. 400 ml Geflügelfond. 300 g Sahne. 50 ml Milch. 450 g Zuckerschoten. 12 Flusskrebsschwänze. Nach Geschmack Salz, Pfeffer, Muskatnuss und frisch gepresster Zitronensaft.

4 FÜR

Die Zuckerschoten waschen, Stiel- und Blütenansätze entfernen. Die Minze waschen und trockenschütteln, die Blättchen – nicht die zur Dekoration – in feine Streifen schneiden. Die Schalotten abziehen, in kleine Würfel schneiden und in der heißen Butter anschwitzen. Mit Noilly Prat und Weißwein ablöschen, den Fond dazugeben und einmal aufkochen lassen.

Sahne, Milch, Zuckerschoten und die Pfefferminzstreifen hinzufügen und nochmals kurz aufkochen lassen. Vom Herd ziehen und mit Salz, Pfeffer und frisch geriebener Muskatnuss abschmecken. Die Suppe im Mixer pürieren und mit Zitronensaft abschmecken, wieder in den Topf geben. Die Flusskrebsschwänze 5–10 Minuten in der heißen Suppe im zugedeckten Topf ziehen lassen. Auf vier tiefen Tellern anrichten und mit Minzeblättchen garnieren.

Variante: Anstelle der Flusskrebsschwänze einfach Shrimps in die Suppe geben.

1 Portion Kürbissuppe: *ca. 236 kcal, 9 g Eiweiß (15E%), 16 g Fett (59E%), 12 g Kohlenhydrate (26E%). Diese Vorspeisensuppe liefert nur 73 kcal pro 100 g.*

1 Portion Schaumsüppchen mit Flusskrebsen: *ca. 471 kcal, 22 g Eiweiß (19E%), 34 g Fett (63E%), 19 g Kohlenhydrate (18E%). Dieses Hauptgericht liefert nur 119 kcal pro 100 g.*

Vincent Klink – ein Mann mit Power und Geschmack. Der Sternekoch steht an zwei Vormittagen im ARD-Buffet live vor der Kamera, verrät seine Rezepte in »Kochkunst mit Vincent Klink« (SWR) und verwöhnt seine Gäste jeden Abend in seinem Restaurant. Seit 1978 hat er einen Michelin-Stern. Für seine traditionelle Küche ist er bekannt. Dabei zieht er hochwertige Produkte vor und verzichtet auf »überflüssigen Schnickschnack.« Er kocht einfach gerne – für Zunge und Gaumen. Sein Ziel ist die perfekte Harmonie der Gerichte.

2 FÜR

Gefüllte Auberginen. 4 Auberginen. 2 EL Olivenöl. 1 Zwiebel. 1 Töpfchen Basilikum. 1 EL gehackte Petersilie. Abgeriebene Schale von ½ unbehandelten Zitrone. 1 Ei. 1 EL frisch geriebener Parmesan. 1 TL Butter. Nach Geschmack Meersalz und schwarzer Pfeffer aus der Mühle.

Den Backofen auf 180° (Umluft 160°) vorheizen. Die Auberginen waschen, putzen und in Würfel schneiden, diese in 1 EL heißen Olivenöl scharf anbraten.

Die anderen beiden Auberginen der Länge nach halbieren, mit der runden Hautseite auf ein gefettetes Backblech legen und etwa 12 Minuten im Ofen dünsten. Abkühlen lassen.

Die Zwiebel abziehen und in feine Würfel schneiden. Die Basilikumblättchen abzupfen. Das Fruchtfleisch der gebackenen Auberginen mit einem scharfkantigen Löffel aus der Schale heben, die Schale dabei nicht beschädigen. Fruchtfleisch fein hacken und mit Zitronenschale, Zwiebelwürfelchen, Basilikum und Petersilie mischen. Diese Masse in 1 EL heißem Olivenöl kurz anbraten, etwas abkühlen lassen.

Das Ei und den Parmesan gut untermischen, mit Salz und Pfeffer abschmecken. Die Auberginenwürfel untermischen. Die Auberginencreme in die Auberginenhälften füllen. Butterflöckchen darauf verteilen und im Ofen bei 220° (Umluft 200°) 15 Minuten backen.

***1 Portion gefüllte Auberginen:** ca. 298 kcal, 14 g Eiweiß (19E%), 20 g Fett (59E%), 16 g Kohlenhydrate (22E%). Dieses Hauptgericht liefert nur 49 kcal pro 100 g.*

4 FÜR

Champignons nach türkischer Art. 450 g Champignons. 200 g Fetakäse. 1/2 Bund glatte Petersilie. 1 TL Rapsöl. 50 ml Wasser.

Den Backofen auf 220° (Umluft 200°) vorheizen. Die Champignons abreiben, den Stiel entfernen. Den Feta fein zerbröckeln. Die Petersilie waschen, sehr fein hacken und mit dem Feta mischen.

Eine Auflaufform dünn einfetten. Die Champignons mit dem Petersilien-Feta füllen, in die Auflaufform setzen und mit dem Wasser umgießen. Mit Alufolie abdecken und im Backofen 15–20 Minuten garen.

Tipp *Diese gebackenen Champignons sind ein tolles Mitbringsel für jede Party. Sie schmecken warm und kalt gut!*

2 FÜR

Gratinierter Feta mit mediterranem Gemüse. 1 kleine rote Zwiebel. 1 TL Olivenöl und etwas Öl für die Form. 1 kleine Dose geschälte Tomaten (400 g). Je 1 kleine gelbe und rote Paprikaschote. 100 g Cocktail-Tomaten. 100 g gelbe Tomaten. 20 g schwarze Oliven mit Stein. 200 g Fetakäse. Nach Geschmack Salz, Pfeffer, getrockneter Oregano und frisches Basilikum.

Die Zwiebel abziehen, in Ringe schneiden. Das Öl in einer beschichteten Pfanne erhitzen. Die Zwiebel darin glasig dünsten. Die geschälten Tomaten aus der Dose zugeben, mit Salz, Pfeffer und Oregano würzen. Die Tomatensauce im offenen Topf 5 Minuten köcheln lassen.

Inzwischen die Paprika und Tomaten putzen, waschen und würfeln. Die Oliven entsteinen und halbieren. Den Backofen auf 200 ° (Oberhitze) vorheizen. Eine Auflaufform dünn einfetten.

Den Feta längs halbieren und über den Feta geben. Die Basilikumblättchen in Streifen schneiden, unter die Tomatensauce mischen und in die Auflaufform gießen. Gemüse und Oliven dazugeben und den Auflauf im Backofen etwa 15 Minuten garen, bis der Käse anfängt zu zerlaufen.

__1 Portion Champignons nach türkischer Art:__ ca. 111 kcal, 10 g Eiweiß (35E%), 8 g Fett (62E%), <1 g Kohlenhydrate (3E%). Dieser Snack liefert nur 82 kcal pro 100 g.

__1 Portion gratinierter Feta mit Gemüse:__ ca. 372 kcal, 21 g Eiweiß (23E%), 26 g Fett (62E%), 13 g Kohlenhydrate (15E%). Dieses leichte Hauptgericht liefert nur 84 kcal pro 100 g.

FÜR 2

Zucchini alla parmigiana. 450 g Zucchini. 2 kleine Eier. 60 g Vollkornmehl. 1½ EL Olivenöl und etwas Öl für die Form. 200 g Tomaten. 1 kleine Knoblauchzehe. 50 g frisch geriebener Parmesan. Nach Geschmack Salz, Pfeffer und (Zitronen-) Thymian.

Die Zucchini waschen, putzen und in fingerdicke Scheiben schneiden. Diese beidseitig mit Salz und Pfeffer würzen. Die Eier in einem tiefen Teller verquirlen, das Mehl auf einen zweiten Teller geben. Die Zucchinischeiben zunächst in Ei, dann in Vollkornmehl wenden.

Das Öl in einer Pfanne erhitzen und die Zucchinischeiben darin von beiden Seiten goldgelb braten. Inzwischen den Backofen auf 200° (Umluft 180°) vorheizen.

Die Tomaten waschen, vom Stielansatz befreien und klein würfeln. Den Knoblauch abziehen. Zu den Tomaten in eine tiefe Schüssel geben, mit Salz und Pfeffer würzen und pürieren. Den Thymian waschen, trockenschütteln und die Blättchen zum Tomatenpüree geben.

Eine Auflaufform dünn einfetten, abwechselnd die Zucchinischeiben, Tomatenpüree und den Parmesan einschichten. Die oberste Schicht mit Parmesan bestreuen. Im Backofen (Mitte) etwa 30 Minuten überbacken.

INFO

Die Italiener verstehen es, einfache Zutaten unkompliziert zuzubereiten – und dabei auch noch extrem leckere Gerichte zu komponieren. Verwenden Sie für diesen aus der Gegend um Neapel stammenden Zucchiniauflauf unbedingt einen kräftig ausgereiften Hartkäse, statt frischem Parmesan passt auch Pecorino. Keinen geriebenen Parmesan aus der Tüte verwenden!

1 Portion Zucchini alla parmigiana: *ca. 422 kcal, 22 g Eiweiß (22E%), 26 g Fett (53E%), 26 g Kohlenhydrate (25E%). Dieses Hauptgericht liefert nur 97 kcal pro 100 g.*

2 FÜR

Weiße Bohnen mit Minze. 200 g Staudensellerie. 200 g Möhren. 1 kleine Knoblauchzehe. 300 g weiße Bohnen aus der Dose. 1½ EL Olivenöl. 30 g frische Minze. 1 Spritzer Weinessig. 20 g entsteinte schwarze Oliven. Nach Geschmack frisch gehackte Petersilie, Salz und Pfeffer.

Staudensellerie und Möhren putzen, waschen und in feine Streifen schneiden. Den Knoblauch abziehen und fein würfeln. Die Bohnen in einem Sieb abtropfen lassen. Das Öl in einer Pfanne erhitzen. Den Knoblauch darin kurz anbraten. Sellerie und Möhren zugeben und unter Rühren bei mittlerer Hitze bissfest garen. Bei Bedarf etwas Wasser zugeben. Mit Salz und Pfeffer würzen.

Die Bohnen dazugeben und noch etwa 10 Minuten köcheln lassen. In der Zwischenzeit die Minze waschen, die Blättchen abzupfen und fein hacken. Unter das Bohnengemüse heben. Den Essig untermischen, das Bohnengemüse vom Herd nehmen und 5 Minuten durchziehen lassen. Mit den Oliven garnieren und lauwarm servieren.

2 FÜR

Exotische Ratatouille mit Orangensauce. 1 Orange. Je 1 kleine rote, gelbe und grüne Paprikaschote. 1 kleine rote Zwiebel. ½ Babyananas. 100 ml frisch gepresster Orangensaft. 40 ml Sherry oder Portwein. 1 TL Agavendicksaft. 1 Döschen Safran (0,1 g). 20 g Pinienkerne. 1 Zweig Rosmarin. 1 EL Walnussöl. Nach Geschmack getrocknete Chilischoten und Cayennepfeffer.

Die Orange schälen, dabei auch die weiße Haut entfernen, und filetieren. Die Paprika putzen, waschen und in Würfel schneiden. Die Zwiebel abziehen und sehr fein hacken. Die Ananas schälen, den Strunk herausschneiden und die Frucht würfeln.

Den Backofen auf 200° vorheizen (Umluft 180°). Den Orangensaft mit Sherry, Agavendicksaft und Safran gut verrühren. Mit etwas Chili – zwischen den Fingern zerreiben – und Cayennepfeffer abschmecken. Die Hälfte der Orangensauce in eine Auflaufform gießen. Das Gemüse und die Ananaswürfel darauf betten und mit Orangensauce übergießen. Die Pinienkerne darüber streuen und alles mit Salz und Rosmarin würzen. Mit dem Walnussöl beträufeln. Die Ratatouille 20–30 Minuten im Backofen (Mitte) garen.

TIPP ***Diese Ratatouille ist ein warmes Hauptgericht für den kleinen Hunger. Wer großen Appetit hat, kann sie hervorragend mit Geflügel oder Garnelen kombinieren.***

1 Portion weiße Bohnen mit Minze: *ca. 335 kcal, 17 g Eiweiß (20E%), 15 g Fett (40E%), 32 g Kohlenhydrate (40E%). Dieses leichte Hauptgericht liefert nur 86 kcal pro 100 g.*

1 Portion Ratatouille: *ca. 315 kcal, 9 g Eiweiß (11E%), 12 g Fett (34E%), 40 g Kohlenhydrate (55E%). Dieses Hauptgericht liefert nur 70 kcal pro 100 g.*

SEITE 83

SEITE 84

Sellerieschnitzel mit Nusskruste und Gorgonzolacreme. 300 g Knollensellerie. 1 Spritzer Zitronensaft. 1 Ei. 50 g gemahlene Haselnüsse. 1 ½ EL Rapsöl. 2–3 EL Vollmilch. 80 g Gorgonzola. 100 ml Gemüsebrühe. 150 g Gurke. 150 g Tomaten. Balsamico-Dressing (Rezept siehe unten). Nach Geschmack frisch gehackte Petersilie, Salz und Pfeffer.

FÜR 2

Den Sellerie schälen und in 2 cm dicke Scheiben schneiden. In sprudelnd kochendem Salzwasser mit 1 Spritzer Zitronensaft etwa 3 Minuten blanchieren. In einem Sieb abtropfen lassen. Die Selleriescheiben auf beiden Seiten mit Salz und Pfeffer würzen und mit verquirltem Ei bepinseln. Die Nüsse in einen tiefen Teller geben und die Sellerieschnitzel darin wenden.

Das Öl in einer Pfanne erhitzen und die Selleriescheiben darin von beiden Seiten knusprig braten – nicht zu lange braten, da die Nüsse sonst ihr Aroma verlieren.

Inzwischen in einem Stieltopf die Milch erhitzen. Den Gorgonzola darin cremig rühren, die Gemüsebrühe dazugeben, erhitzen und alles glatt pürieren. Mit Salz und Pfeffer abschmecken. Warm halten, aber nicht mehr kochen lassen.

Das Balsamico-Dressing zubereiten. Die Gurke und die Tomaten waschen und in feine Scheiben schneiden. Auf Salattellern anrichten und mit dem Dressing beträufeln. Die gebackenen Selleriescheiben mit der Gorgonzolacreme und Petersilie anrichten, mit dem Salat servieren.

Balsamico-Dressing. 1 EL Balsamessig (Aceto balsamico). 1 TL Dijon-Senf. 1 EL Wasser. 1 EL Olivenöl. 1 EL Milch.

FÜR 2

Essig, Senf und Wasser glatt rühren. Das Öl und die Milch untermischen und alles – am besten mit einem Milchaufschäumer – cremig rühren.

tipp-tipp

Dieses Dressing passt zu vielen Salaten und die Menge lässt sich beliebig variieren, da die Zutaten einfach im Verhältnis 1:1:2:1 verrührt werden. Nach Geschmack kann das Dressing vor der Zugabe von Öl auch noch mit Salz und Pfeffer gewürzt werden.

1 Portion Sellerieschnitzel mit Gorgonzolacreme: ca. 467 kcal, 18 g Eiweiß (16%), 38 g Fett (73%), 12 g Kohlenhydrate (11%). Dieses Hauptgericht liefert nur 87 kcal pro 100 g.

2 FÜR

Kürbis-Bohnen-Curry mit Kokoschips. 200 g Hokkaido-Kürbis. 1 EL Rapsöl. 150 g Kidney-Bohnen. 500 ml Gemüsebrühe. 50 ml Apfelwein. 70 ml Kokosmilch. ½ TL frischer, fein gehackter Ingwer. 2 EL Kokoschips. ½ TL Currypulver. 2 EL Naturjoghurt. 1 TL frisch gehackter Koriander. Nach Geschmack Salz und Chilipulver.

Den Kürbisschälen, entkernen und das Kürbisfleisch in mundgerechte Würfel schneiden. Das Öl in einer Pfanne erhitzen. Die Kürbiswürfel darin etwa 7 Minuten anbraten, dabei gelegentlich wenden. Die Kidney-Bohnen aus der Dose abtropfen lassen, nach 7 Minuten zum Kürbis geben und noch 2–3 Minuten mitgaren. Gemüsebrühe und Apfelwein zugeben und 1 Minute köcheln lassen.

Den Backofen auf 100° (Umluft 80°) vorheizen. Die Kokosmilch unter das Gemüse rühren, mit Ingwer, Curry, Chili und Salz würzen. Die Kokoschips im Backofen 2 Minuten backen, bis sie Farbe annehmen. Den Joghurt unter das Kürbis-Bohnen-Curry ziehen und noch etwa 1 Minute garziehen lassen. Mit Kokoschips und frischem Koriander bestreut servieren.

2 FÜR

Vegetarische Mangold-Lasagne. 50 g Zwiebel. 200 g Tomaten. 1 kleine Knoblauchzehe. 1½ EL Rapsöl. 200 g rote Linsen (Trockengewicht). 225 g Mangoldblätter. 75 g Emmentaler. 75 g Sahnequark. Nach Geschmack Salz, Pfeffer, Gewürzmischung Mexiko und frisch gehackte Petersilie.

Die Zwiebel abziehen und fein würfeln. Die Tomaten waschen, vom Stielansatz befreien und klein würfeln. Den Knoblauch abziehen. Knapp 1 EL Öl in einem Topf erhitzen. Den Knoblauch durch die Presse dazu drücken und mit der Zwiebel glasig dünsten. Die Linsen unterrühren, kurz mitdünsten. Die Tomatenwürfel und 1 Tasse Wasser hinzufügen, alles mit Salz, Pfeffer und Mexiko-Gewürzmischung würzen. Bei mittlerer Hitze 5–10 Minuten köcheln lassen, ab und zu umrühren.

Inzwischen die Stiele der Mangoldblätter abknipsen, die Blätter waschen, 2 Minuten in sprudelnd kochendem Salzwasser blanchieren. In einem Sieb abtropfen lassen. Den Backofen auf 200° (Umluft 180°) vorheizen. Den Emmentaler sehr fein reiben, mit dem Quark verrühren und mit Salz, Pfeffer und Mexiko-Gewürzmischung herzhaft abschmecken. Eine Auflaufform mit Öl dünn einpinseln. Abwechselnd Mangoldblätter, die Tomaten-Linsen und die Quarkmischung einschichten. Die oberste Schicht sollte aus Quarkmischung bestehen. Die Lasagne im Backofen (Mitte) 30 Minuten backen. Mit Petersilie bestreuen.

1 Portion Kürbis-Bohnen-Curry: *ca. 256 kcal, 9 g Eiweiß (13E%), 16 g Fett (55E%), 19 g Kohlenhydrate 32E%). Dieses Hauptgericht liefert nur 64 kcal pro 100 g.*

1 Portion Mangold-Lasagne: *ca. 372 kcal, 5 g Eiweiß (25E%), 5 g Fett (56E%), 4 g Kohlenhydrate (19E%). Dieses Hauptgericht liefert nur 75 kcal pro 100 g.*

SEITE 88

2 FÜR

Tofu-Gemüsepfanne aus dem Wok. 200 g Tofu natur. 60 ml Sojasauce. 1½ EL Rapsöl. 20 ml trockener Sherry. 1 sehr kleine Knoblauchzehe. 450 g Gemüsemischung China (tiefgekühlt). 50 g Sprossen. 40 g chinesische Glasnudeln (Rohgewicht). 20 g Mandelblättchen. Nach Geschmack Salz, Pfeffer und Chinagewürz.

Den Tofu in 1 cm dicke Scheiben schneiden, mit der Sojasauce beträufeln und zugedeckt 3–4 Stunden, noch besser über Nacht, marinieren. Anschließend abtropfen lassen, die Sojasauce auffangen. Die Glasnudeln nach Packungsangaben etwa 10 Minuten in Wasser einweichen. Inzwischen Den Knoblauch abziehen und fein hacken. Das Öl in einem Wok erhitzen, die Tofu-Scheiben darin kräftig anbraten. Den Sherry zugeben. Die Tofu-Scheiben an den Wok-Rand schieben.

In der Wokmitte den Knoblauch kurz braten, das gefrorene China-Gemüse und die Sprossen zugeben und unter Rühren braten. Die Sojasauce der Marinade zugeben und kurz mitbraten. Mit Salz, Pfeffer und dem Chinagewürz abschmecken. Die Glasnudeln abtropfen lassen und in den Wok geben. Gut unterrühren und noch so lange erhitzen, bis die Nudeln gar sind. Mit den Mandelplättchen bestreuen und servieren.

INFO INFO

Glasnudeln erhalten Sie in vielen Varianten in asiatischen Lebensmittelläden. Und in jedem gut sortierten Supermarkt finden Sie im Asia-Regal 100-Gramm-Packungen Glasnudeln. Lesen Sie vor der Zubereitung unbedingt die Packungsangaben: Manche Sorten müssen zunächst 20 Minuten eingeweicht und dann aufgekocht, andere direkt 2–3 Minuten gekocht werden.

1 Portion Tofu-Gemüsepfanne: *ca. 489 kcal, 31 g Eiweiß (26E%), 27 g Fett (50E%), 27 g Kohlenhydrate (24E%). Dieses Hauptgericht liefert nur 113 kcal pro 100 g.*

4 FÜR

Italienischer Auberginenauflauf mit Mozzarella. 750 g Auberginen. 1 Zwiebel. 1 Knoblauchzehe. 1 EL Olivenöl und etwas Öl für die Form. 1 kleine Dose geschälte Tomaten (400 g). 150 g Mozzarella. 20 g frisch geriebener Parmesan. Nach Geschmack Salz, Pfeffer aus der Mühle, getrockneter Oregano und frisches Basilikum.

Den Backofen auf 200° Umluft (220° Ober- und Unterhitze) vorheizen. Die Auberginen waschen, trockentupfen, putzen und in fingerdicke Scheiben schneiden. Die Auberginenscheiben auf ein mit Backpapier belegtes Blech legen und im Backofen von beiden Seiten 5–7 Minuten grillen. Sie sind gar, wenn die Auberginen Farbe annehmen.

Die Zwiebel und den Knoblauch abziehen, die Zwiebel in Ringe, den Knoblauch in feine Würfel, die Basilikumblättchen in feine Streifen schneiden. Das Öl in einer Pfanne erhitzen. Zwiebelringe und Knoblauch darin glasig dünsten. Die geschälten Tomaten zugeben, mit Salz, Pfeffer, Oregano und Basilikumstreifen würzen und 8–10 Minuten auf niedriger Stufe offen einkochen lassen.

Den Mozzarella in dünne Scheiben schneiden. Eine Auflaufform dünn mit Öl einpinseln, 2 EL Tomatensauce hineingeben, mit einer Schicht Auberginenscheiben bedecken. Darauf in dieser Reihenfolge 2–3 EL Tomatensauce, Mozzarellascheiben, 2 EL geriebener Parmesan schichten. Das Ganze so lange weiterführen bis alle Lebensmittel verbraucht sind.

Die oberste Schicht bilden Mozzarella und Parmesan. Im vorgeheizten Backofen (Mitte) 15–20 Minuten backen.

INFO INFO INFO

Verwenden Sie auch für diesen italienischen Auberginenauflauf keinen geriebenen Parmesan aus der Tüte! Damit der Käse aromatisch-würzig zwischen dünnen Auberginenscheiben und der Tomatensauce bestehen kann, reiben Sie den Parmesan frisch – ersatzweise schmeckt auch ein gut ausgereifter, würziger Pecorino.

Der Auflauf schmeckt lauwarm am besten – oder auch kalt.

1 Portion italienischer Auberginenauflauf mit Mozzarella: *ca. 211 kcal, 13 g Eiweiß (26E%), 14 g Fett (60E%), 7 g Kohlenhydrate (14E%). Dieses Hauptgericht liefert nur 67 kcal pro 100 g.*

Gemüsegratin mit Pinienkernen. 150 g Fenchel. 150 g Möhren. 150 g Kaiserschoten. 150 g gelbe Brechbohnen. 1 TL Olivenöl. 125 g Mozzarella. 20 g Pinienkerne. Nach Geschmack Petersilie, Salz und Pfeffer.

2 FÜR

Fenchel und Möhren putzen, waschen und in dünne Scheiben schneiden. Kaiserschoten und Brechbohnen waschen, putzen und in mundgerechte Stücke schneiden.

In einem großen Topf Salzwasser zum Kochen bringen und das Gemüse darin nacheinander jeweils etwa 3 Minuten blanchieren. Mit eiskaltem Wasser abschrecken und in einem Sieb abtropfen lassen.

Eine Auflaufform dünn mit Öl einfetten. Das Gemüse nach Farben sortiert einschichten, mit etwas Salz und Pfeffer würzen. Den Mozzarella abtropfen lassen und in sehr feine Stifte schneiden. Den Auflauf mit Mozzarella und Pinienkernen bestreuen. Im Backofen (Mitte) etwa 15–20 Minuten überbacken, bis der Käse goldgelb ist. Vor dem Servieren mit frisch gehackter Petersilie bestreuen.

Käsefondue mit Gemüse. 500 g Gemüse nach Wahl, z.B. Brokkoli, Blumenkohl, Möhren, Fenchel, Paprika. 250 ml Gemüsebrühe. 100 g alter Gouda. 100 g mittelalter Gouda. 1/2 Knoblauchzehe. 80 ml Weißwein. 1 Spritzer Zitronensaft. Nach Geschmack 1 Spritzer Kirschwasser, Salz, Pfeffer und Muskatnuss.

2 FÜR

Das Gemüse putzen, waschen und in mundgerechte Stücke schneiden. In der sprudelnd kochenden Gemüsebrühe etwa 3 Minuten blanchieren, in einem Sieb abtropfen lassen.

Beide Käsesorten grob raspeln. Den Knoblauch abziehen und den Käsefondue-Topf damit einreiben. Den Wein zusammen mit dem Zitronensaft darin bei milder Hitze erwärmen.

Nach und nach den geriebenen Käse zugeben und unter Rühren darin schmelzen. Nach Geschmack Kirschwasser zugeben. Alles einmal aufkochen lassen. Mit Salz, Pfeffer und frisch geriebener Muskatnuss würzen.

Auf einem Rechaud servieren. Die Gemüsestücke aufspießen und in den Käse tauchen.

***1 Portion Gemüsegratin:** ca. 344 kcal, 21 g Eiweiß (25E%), 21 g Fett (54E%), 18 g Kohlenhydrate (21E%). Dieses Hauptgericht liefert nur 92 kcal pro 100 g.*

***1 Käsefondue mit Gemüse:** ca. 493 kcal, 34 g Eiweiß (27E%), 32 g Fett (58E%), 15 g Kohlenhydrate (15E%). Dieses Fondue liefert nur 95 kcal pro 100 g.*

4 FÜR

Ricotta-Gnocchi mit mediterraner Sauce. 300 g Ricotta (selbst zubereitet oder Fertigprodukt). 1 Ei und 2 Eigelbe. 50 g frisch geriebener Parmesan. 30 g Weizenvollkornmehl. 20 g Weizenkleber (Reformhaus, nach Bedarf). 1 EL Olivenöl. 1 Knoblauchzehe. 2 EL fein gewürfelte schwarze Oliven. 2 EL fein gewürfelte getrocknete Tomaten. 150 g Cocktail-Tomaten. 150 g geschälte Tomaten aus der Dose. 1 EL frisches Basilikum in feinen Streifen. 50 g Rucola. Nach Geschmack Salz, Pfeffer aus der Mühle und Chilipulver.

Ricotta mit Ei, Eigelben, Parmesan, Mehl, Weizenkleber, Salz, Pfeffer und Muskat in einer Schüssel zu einem glatten Teig verkneten. Den Teig für 20–30 Minuten zugedeckt in den Kühlschrank stellen. Den Knoblauch abziehen und fein hacken. Die Cocktail-Tomaten waschen und halbieren. Das Öl in einer Pfanne erhitzen. Knoblauch, Tomatenhälften, gehackte Oliven und Tomaten darin andünsten. Die geschälten Tomaten dazugeben und etwas einkochen lassen. Mit Salz, Pfeffer und Chilipulver abschmecken. Inzwischen in einem großen Topf reichlich Salzwasser zum Kochen bringen. Den kühlen Teig mit Hilfe von Teelöffeln zu kleinen Kugeln formen und ins siedende Wasser geben. Nach etwa 1 Minute schwimmen die Gnocchis an die Oberfläche, von da an noch 1–2 Minuten garen. Herausheben.

Basilikum und Rucola in die Tomatensauce geben und erwärmen, nicht mehr kochen. Die Gnocchi in einen tiefen Teller geben, mit der Tomatensauce übergießen und eventuell mit etwas Parmesankäse bestreuen.

Hinweis: Eine Portion dieser Ricotta-Gnocchi mit Sauce liefert nur 11 g Kohlenhydrate. Eine vergleichbare Portion Kartoffel-Gnocchi mit derselben Sauce liefert 45 g Kohlenhydrate – die 4-fache Menge!

1 Portion Ricotta-Gnocchi mit Sauce: *ca. 268 kcal, 16 g Eiweiß (25E%), 18 g Fett (58E%), 11 g Kohlenhydrate (17E%). Dieses Hauptgericht liefert nur 119 kcal pro 100 g.*

Ricotta-Grundrezept für 250–300 g Ricotta. 1 l frische Vollmilch. 2 EL weißer Balsamessig (Balsamico bianco). ½ TL Salz.

Die Milch in einem Topf ohne Deckel bei niedriger Temperatur auf 80–90° erhitzen.

Essig und Salz einrühren und den Topf so lange auf der heißen Herdplatte stehen lassen, bis der Ricotta anfängt, nach oben zu steigen. Den Topf von der Herdplatte nehmen und den Deckel auflegen. Rund 5 Minuten ruhen lassen.

Den Topf wieder auf die Herdplatte stellen, den Ricotta noch einmal kurz aufkochen lassen. Wieder von der Herdplatte ziehen und warten, bis der restliche Ricotta nach oben steigt. Ein Sieb mit einem Geschirrtuch auslegen und den Ricotta hineingießen. Abtropfen lassen.

Tipp · Tipp

Sie können statt Balsamessig (Aceto balsamico) auch Kalzium-Lactat aus der Apotheke verwenden. Zubereitung: 1 TL Kalzium-Laktat und ½ TL Salz in die Milch rühren, diese einmal aufkochen lassen. Von der Koststelle nehmen. Nach ca. 1 Minute steigt der Ricotta nach oben.

Verwendungstipps: Ricotta kann für Süßspeisen, als Quark-Ersatz, für Omelettes etcetera verwendet werden. Er schmeckt warm und kalt gut.

Diese gesamte Portion Ricotta: *ca. 219 kcal, 11 g Eiweiß (21E%), 12 g Fett (48E%), 16 g Kohlenhydrate (31E%). Dieses Grundrezept liefert nur 65 kcal pro 100 g.*

2 FÜR

Spinatomelett mit Rohkost. **125 g Kohlrabi. 125 g Möhren. 125 g Staudensellerie. 1 kleine Schalotte. 200 g frischer Blattspinat. 1 TL Olivenöl. 2 Eier. 1 EL Crème fraîche. 2 TL Butter. 100 g Vollmilchjoghurt. 50 g Quark. ½ TL mittelscharfer Senf. Nach Geschmack Salz, Pfeffer und Muskatnuss.**

Kohlrabi, Möhren und Sellerie putzen, waschen und in mundgerechte Würfel schneiden, zugedeckt beiseite stellen. Die Schalotte abziehen und klein würfeln. Den Spinat verlesen, waschen, und die Blätter tropfnass in kleinere Stücke schneiden.

Das Öl in einem Topf erhitzen. Die Schalotte darin bei schwacher Hitze glasig dünsten. Den Spinat hinzufügen und bei starker Hitze unter häufigem Wenden 5–8 Minuten braten, bis alle Flüssigkeit verdampft ist.

Die Eier mit der Crème fraîche verschlagen und mit Salz, Pfeffer und Muskat würzen. Mit dem Spinatgemüse mischen.

Die Butter in einer Pfanne erhitzen und die Spinat-Ei-Masse darin von beiden Seiten in jeweils 2–3 Minuten goldbraun braten. Joghurt, Quark und Senf verrühren, mit Salz und Pfeffer abschmecken.

Das Omelett mit der Rohkost und dem Joghurt-Dip servieren.

TIPP *Sie können anstelle des frischen Spinats auch tiefgekühlten Blattspinat verwenden.*

1 Portion Spinatomelett mit Rohkost: ca. 287 kcal, 18 g Eiweiß (26E%), 19 g Fett (59E%), 10 g Kohlenhydrate (15E%). Dieses leichte Hauptgericht liefert nur 64 kcal pro 100 g.

2 FÜR

Tomateneier. **1 kleine Zwiebel. 1 TL Rapsöl. 1 große Dose geschälte Tomaten (800 g). 1 EL frisch gehacktes Basilikum. 4 Eier. Nach Geschmack 1 Chilischote, Salz und Pfeffer aus der Mühle.**

Die Zwiebel abziehen und in Ringe schneiden. Eventuell 1 kleine Chilischote waschen, entkernen und in feine Ringe schneiden. Die geschälten Tomaten abtropfen lassen und klein schneiden.

Das Öl in einer Pfanne erhitzen, die Zwiebel anschwitzen. Die Tomaten mit den Chiliringen, Salz und Pfeffer dazugeben. Die Sauce 10 Minuten offen einkochen lassen.

Die rohen Eier in die Tomatensauce gleiten lassen und solange mitgaren bis der Eidotter die gewünschte Konsistenz hat. Die Basilikumblättchen in Streifen schneiden und unterrühren.

2 FÜR

Ricotta-Zucchini-Frittata. **150 g Ricotta (selbst zubereitet oder Fertigprodukt). 2 Eier. 35 g frisch geriebener Parmesan 150 g Zucchini. 1 TL Olivenöl. 10 g Butter. Nach Geschmack Salz und Pfeffer aus der Mühle.**

Den Ricotta mit den Eiern und dem Parmesan gut verrühren. Die Zucchini waschen, trockentupfen, putzen und fein reiben. Das Öl in einer Pfanne erhitzen und die Zucchiniraspel darin kurz anbraten. Anschließend die Zucchini unter die Ricotta-Masse mischen.

Die Butter in einer beschichteten Pfanne erhitzen und die Ricotta-Zucchini-Masse darin bei mittlerer Hitze von beiden Seiten goldbraun braten.

Tipp

Das Wenden der Frittata gelingt am einfachsten, indem man die Frittata auf einen Teller stürzt und mit der ungebackenen Seite wieder in die Pfanne gleiten lässt.

Sie können statt Zucchini auch Pilze, Fenchel oder Spinat verwenden.

__1 Portion Tomateneier:__ ca. 246 kcal, 18 g Eiweiß (29E%), 17 g Fett (61E%), 6 g Kohlenhydrate (10E%). Dieses leichte Hauptgericht liefert nur 72 kcal pro 100 g.

__1 Portion Ricotta-Zucchini-Frittata:__ ca. 266 kcal, 16 g Eiweiß (25E%), 20 g Fett (66E%), 6 g Kohlenhydrate (9E%). Dieses leichte Hauptgericht liefert nur 116 kcal pro 100 g.

Im Restaurant verwende ich für dieses Gericht Hähnchenkeulen, speziell für Sie, liebe LOGI-Freunde, habe ich das Rezept jedoch etwas vereinfacht. So gelingt dieses exotische Geschmackerlebnis garantiert! Mein Tipp: Ich lege grundsätzlich viel Wert auf die »Echtheit« der Lebensmittel und bin kein Freund von künstlichen Aromen oder Geschmacksverstärkern. Kochen Sie so natürlich wie möglich!

4 FÜR

Hähnchenrouladen mit Mango und Papaya. 600 g Hähnchenbrustfilets. 4 Schalotten. 1 Knoblauchzehe. 1 Mango. 1 Papaya. 4 Kumquats. 1 Chilischote. 1 TL frisch geriebener Ingwer. 500 ml brauner Kalbsfond. 500 ml Portwein. 3 EL Butter. Etwas Johannisbrotkern- oder Guarkernmehl zum Binden. Nach Geschmack Salz und schwarzer Pfeffer aus der Mühle. Zahnstocher, Küchengarn oder Rouladenklammern.

Die Hähnchenbrustfilets abbrausen, trockentupfen und behutsam flach klopfen. Beidseitig mit Salz und Pfeffer würzen. Für die Füllung Schalotten und Knoblauch abziehen und fein hacken. Die Kumquats heiß waschen und mit der Schale in feine Scheiben schneiden. Die Mango und die Papaya schälen, das Fruchtfleisch vom Kern schneiden und würfeln. Die Chilischote waschen, entkernen und in feine Ringe schneiden.

1 EL Butter erhitzen. Die Hälfte der Schalotten und den Knoblauch darin anschwitzen. Kumquats und jeweils die Hälfte der Mango- und Papayawürfel in der Schalottenbutter kräftig anbraten. Chili und Ingwer zu den Früchten geben, mit 125 ml Kalbsfond ablöschen. In 10 Minuten offen einkochen lassen. Den Backofen auf 180° (Umluft 160°) vorheizen.

Den Schalotten-Früchte-Mix mit Salz und Pfeffer abschmecken. Diese Füllung gleichmäßig auf den Hähnchenbrustfilets verteilen. Das Fleisch aufrollen und mit Zahnstochern feststecken oder mit Küchengarn festbinden. Die Hähnchenrouladen in einem Bräter in 2 EL heißer Butter rundherum anbraten und 15 Minuten im Ofen (Mitte) garen. Nach 5 Minuten die restlichen Schalotten dazugeben. Sobald diese sich braun färben, mit dem restlichen Kalbsfond ablöschen.

Die Rouladen auf einer feuerfesten Platte anrichten und im abgeschalteten Ofen warm stellen. Zum Bratenfond im Bräter die restlichen Mango- und Papayawürfel geben, mit Portwein auffüllen und 2–3 Minuten unter Rühren kochen lassen. Mit Johannisbrotkern- oder Guarkernmehl leicht binden, mit Salz und Pfeffer abschmecken. Die Sauce zu den Hähnchenrouladen servieren.

1 Portion gefüllte Hähnchenrouladen mit Mango und Papaya: *ca. 448 kcal, 51 g Eiweiß (44E%), 22 g Fett (20E%), 32 g Kohlenhydrate (36E%). Dieses Hauptgericht liefert nur 81 kcal pro 100 g.*

Zitronen-Hähnchen aus dem Backofen. **2 Hähnchenbrustfilets (etwa 300 g). 1 Knoblauchzehe. 1 Zitrone. Etwas frischer Thymian. 2 EL Olivenöl und etwas Öl für die Form. 125 g Zucchini. 200 g gelbe Paprikaschoten. 1 kleine rote Zwiebel. 8 schwarze Oliven. 100 g geschälte Tomaten aus der Dose. 1 Zweig Rosmarin. 1 Lorbeerblatt. 125 ml Geflügelfond. 20 ml trockener Weißwein. Nach Geschmack Salz und Pfeffer.**

FÜR 2

Die Hähnchenbrustfilets abbrausen, trockentupfen und längs halbieren. Die Zitrone auspressen. Den Knoblauch abziehen. Den Thymian waschen, trockenschütteln und die Blättchen abstreifen. Den Knoblauch in den Zitronensaft pressen, mit den Thymianblättchen, Salz und Pfeffer gut verrühren. 1 EL Öl untermischen und die Hähnchen darin 30 Minuten zugedeckt im Kühlschrank marinieren.

Zucchini und Paprika waschen, putzen, in mundgerechte Würfel schneiden und mit Salz und Pfeffer würzen. Die Zwiebel abziehen und in Ringe schneiden. Die Oliven entkernen und halbieren. Den Backofen auf 200° (Umluft 180°) vorheizen.

Die geschälten Tomaten abtropfen lassen, klein schneiden und mit Salz und Pfeffer abschmecken. Eine Auflaufform dünn einfetten und die Tomaten hineingeben. Die Hähnchenbrustfilets, das Gemüse, 1 Lorbeerblatt, 1 Rosmarinzweig und die Oliven darauf verteilen. Das Gemüse mit Salz und Pfeffer würzen, Geflügelfond und Weißwein angießen. Im Backofen (Mitte) 25–30 Minuten garen.

INFO INFO INFO

Hähnchenbrustfilets bestehen aus reinem Muskelfleisch und sind sehr mager. Bei falscher Zubereitung trocknet das Fleisch schnell aus. Diese marinierten, im Ofen gegarten Hähnchenbrustfilets gelingen besonders zart und saftig.

Übrigens unterscheidet man zwischen Hähnchenbrust und Hähnchenbrustfilet! Hähnchenbrustfilets werden küchenfertig angeboten, Hähnchenbrust enthält noch Haut, Brustbein und Knochen und eignet sich besonders zum Grillen oder Schmoren.

1 Portion Zitronen-Hähnchen: *ca. 457 kcal, 46 g Eiweiß (41E%), 22 g Fett (43E%), 17 g Kohlenhydrate (16E%). Dieses Hauptgericht liefert nur 74 kcal pro 100 g.*

SEITE 102

FÜR 2

China-Pfanne mit Hähnchen. 100 g Lauch. 200 g rote oder gelbe Paprikaschoten. 150 g Möhren. 125 g Staudensellerie. 40 g Mungbohnen-Sprossen. 50 g Bambussprossen. 250 g Hähnchenbrustfilet. 2 EL Erdnussöl. 50 ml Sojasauce. 1 Knoblauchzehe. 125 ml Hühnerbrühe. Nach Geschmack Salz, Pfeffer und China-Gewürzmischung.

Das Gemüse putzen und waschen. Den Lauch in sehr feine Ringe schneiden. Die Paprika in feine Streifen, die Möhren in feine Stifte und den Staudensellerie in feine Scheiben schneiden. Mungbohnen- und Bambussprossen in einem Sieb abtropfen lassen.

Das Hähnchenbrustfilet abbrausen, trockentupfen und in kleine mundgerechte Streifen schneiden. Das Öl in einem Wok erhitzen bis es raucht. Die Hähnchenstreifen darin kräftig anbraten. Die Sojasauce zugeben, und 1–2 Minuten mitschmoren. Die Hähnchenstücke an den Rand des Wok schieben. Nacheinander den Knoblauch und das vorbereitete Gemüse unter Rühren im Wok anbraten. Mit Salz, Pfeffer und China-Gewürzmischung abschmecken. Die Hühnerbrühe zugeben. Mungbohnen und Bambussprossen hinzufügen und erhitzen. Das Gemüse sollte noch schön knackig sein.

FÜR 2

Sherry-Huhn im Gemüsebett. 2 Hähnchenbrustfilets (etwa 250 g). 125 g Brokkoli. 125 g Blumenkohl. 125 g Möhren. 125 g Prinzessbohnen. 250 ml Gemüsebrühe. 1 EL Rapsöl. 50 ml Sherry. 1 TL gekörnte Hühnerbrühe (Instant). ½ TL Butter. 1 EL Sahne. 1 EL Mandelblättchen. Nach Geschmack Salz und Pfeffer.

Die Hähnchenbrustfilets abbrausen, trockentupfen und in fingerdicke Scheiben schneiden. Das Gemüse putzen und waschen. Die Möhren in dünne Scheiben schneiden, Blumenkohl und Brokkoli in Röschen teilen, die Bohnen in mundgerechte Stücke brechen.

Das Gemüse einzeln in der kochenden Gemüsebrüh bissfest garen. In einem Sieb abtropfen lassen. Die gekörnte Hühnerbrühe in der Gemüsebrühe auflösen. Das Öl in einer Pfanne erhitzen. Die Fleischscheiben salzen, pfeffern und im Öl von beiden Seiten goldbraun braten. Den Sherry zugießen, den Deckel auflegen und das Fleisch schmoren lassen, bis die Flüssigkeit fast verdampft ist. Die Hühnerbrühe angießen. Die Sahne einrühren. Zugedeckt noch 10 Minuten bei mittlerer Hitze köcheln lassen. In der Zwischenzeit die Butter zerlassen und die Mandelblättchen goldbraun rösten. Gemüse und Hähnchenscheiben auf zwei Tellern anrichten, mit der Sauce überziehen. Mit den gerösteten Mandeln bestreuen.

1 Portion China-Pfanne mit Hähnchen: *ca. 354 kcal, 38 g Eiweiß (44E%), 16 g Fett (39E%), 14 g Kohlenhydrate (17E%). Dieses Hauptgericht liefert nur 64 kcal pro 100 g.*

1 Portion Sherry-Huhn im Gemüsebett: *ca. 348 kcal, 37 g Eiweiß (44E%), 15 g Fett (39E%), 16 g Kohlenhydrate (17E%). Dieses Hauptgericht liefert nur 64 kcal pro 100*

2 FÜR

Hähnchenschenkel auf Auberginenpüree. 400 g Auberginen. 1 Spritzer Zitronensaft. 60 g Schalotten. 200 g Tomaten. 10 g Butter. 100 ml Milch. 20 g frisch geriebener Parmesan. 2 Hähnchenschenkel (350–400 g). 1½ EL Olivenöl. Nach Geschmack Salz, Pfeffer und Thymian.

Die Aubergine waschen, trockentupfen und im Backofen auf dem Rost 20–30 Minuten bei 180° (oben, Umluft 160°) rösten, bis die Haut braun und runzlig ist. Die Auberginen kurz mit eiskaltem Wasser abschrecken, vom Stiel aus die Haut abziehen, die Früchte halbieren und die dunklen Kerne herausschaben. Das Fruchtfleisch in sehr kleine Würfel schneiden, in eine Schüssel geben und sofort mit Zitronensaft beträufeln.

Die Butter in einem Topf erhitzen. Die Auberginenwürfelchen dazugeben und mit einem Schneebesen kräftig verschlagen. Die Milch nach und nach unterrühren. Bei schwacher Hitze köcheln lassen, bis die Masse sämig wird. Den Parmesan untermischen und das Püree mit Salz und Pfeffer abschmecken.

Die Hähnchenschenkel abbrausen, trockentupfen und rundum mit Salz und Pfeffer einreiben. Das Öl in einer Pfanne erhitzen, die Hähnchenschenkel darin in etwa 20 Minuten von beiden Seiten knusprig braten, dabei mehrmals wenden.

Inzwischen die Schalotten abziehen und würfeln. Die Tomaten waschen, vom Stielansatz befreien und klein würfeln. Die Hähnchenschenkel aus der Pfanne heben, warm stellen.

Im Fleisch-Bratöl die Schalotten und Tomatenwürfel bei mittlerer Hitze etwa 3 Minuten schmoren. 50 ml Wasser angießen und die Sauce mit Thymian, Salz und Pfeffer würzen. Das Auberginenpüree auf zwei Tellern mit den Hähnchenschenkeln und der Tomatensauce anrichten.

TIPP • TIPP • TIPP

Auberginenmus ist nicht nur in der orientalischen Küche beliebt, auch im Mittelmeerraum und in Russland serviert man es gern – zu gegrilltem Fleisch und Fisch, als Brotaufstrich, als Dip oder pur als Vorspeise. Das Püree lässt sich aufgrund des geringen Eigengeschmacks in vielen Varianten würzen und kann so ganz nach Geschmack dem Aroma des Hauptgerichts angepasst werden. Experimentieren Sie, dieses Püree ist eine prima LOGI-Beilage!

1 Portion Hähnchenschenkel auf Auberginenpüree: *ca. 536 kcal, 42 g Eiweiß (32E%), 35 g Fett (58E%), 12 g Kohlenhydrate (10E%). Dieses Hauptgericht liefert nur 92 kcal pro 100 g.*

GEFLÜGEL:
DIE LOGI-FLUGSHOW

2 FÜR

Hähnchenschenkel auf orientalische Art mit Selleriepüree.

1 kleine Schalotte. 1 kleine Knoblauchzehe. 150 g Naturjoghurt. 1 TL Kurkuma. 1 Spritzer Zitronensaft. 2 Hähnchenschenkel (350–400 g). 450 g Sellerie. 350 ml Gemüsebrühe. 150 g Eisbergsalat. 1 kleine Orange. 50 g Sojasprossen. 1½ EL Olivenöl. 1 EL dunkler Balsamessig (Aceto balsamico). 25 g Sahne. Nach Geschmack Salz und Pfeffer.

Zwiebeln und Knoblauch abziehen, die Zwiebeln sehr fein würfeln. Den Knoblauch durch die Presse in den Joghurt pressen, mit Zwiebeln, Salz, Pfeffer, Kurkuma und dem Zitronensaft verrühren. Abschmecken. Die Hähnchenschenkel rundherum mit dieser Joghurtmarinade bestreichen und zugedeckt mindestens **4 Stunden** oder über Nacht im Kühlschrank marinieren.

Den Backofen auf 220° (Umluft 200°) vorheizen. Die Hähnchenschenkel aus der Marinade nehmen und im Ofen (Mitte) etwa 15 Minuten von jeder Seite grillen. In der Zwischenzeit den Sellerie putzen, waschen und in mundgerechte Stücke schneiden. Die Gemüsebrühe erhitzen und den Sellerie darin in 15 Minuten butterweich kochen. In einem Sieb abtropfen lassen.

Den Salat verlesen, waschen und trockenschleudern. Die Sojasprossen in einem Sieb abbrausen und abtropfen lassen. Die Orange schälen, dabei auch die weiße Haut entfernen, und die Orange filetieren. Den Eisbergsalat mit Orangenfilets und Sojasprossen anrichten, mit Salz und Pfeffer bestreuen und mit Essig und Öl beträufeln.

Die Sahne steif schlagen. Die Selleriestücke durch die Gemüsepresse drücken, mit Salz und Pfeffer abschmecken und die Sahne unterheben. Das Selleriepüree mit dem Salat zu den Hähnchenschenkeln servieren.

1 Portion Hähnchenschenkel auf orientalische Art: *ca. 538 kcal, 44 g Eiweiß (33E%), 31 g Fett (50E%), 20 g Kohlenhydrate (17E%). Dieses Hauptgericht liefert nur 64 kcal pro 100*

Putenbrust Tomate-Mozzarella. 2 Putenbrustfilets (etwa 300 g). 150 g Strauchtomaten. 75 g Mozzarella. 2 EL Olivenöl und etwas Öl für die Form. 6–10 Basilikumblättchen. 2 TL Basilikum-Pesto. Nach Geschmack Salz, Pfeffer und getrockneter Oregano.

FÜR 2

Die Putenbrustfilets abbrausen, trockentupfen und leicht flach klopfen. Die Tomaten waschen, vom Stielansatz befreien und in Scheiben schneiden. Den Mozzarella in Scheiben schneiden. Den Backofen auf 200° (180° Umluft) vorheizen.

1 EL Öl in einer beschichteten Pfanne erhitzen und die Filets darin von beiden Seiten kurz anbraten. Eine Auflaufform dünn mit Öl einpinseln. Das Fleisch in die Auflaufform legen, mit Salz und Pfeffer würzen und die Oberseite mit Pesto bestreichen. Darauf die Tomatenscheiben, dann die Basilikumblättchen und zum Schluss die Mozzarellascheiben schichten. Mit etwas Olivenöl beträufeln und mit dem Oregano bestreuen. Im Backofen (Mitte) 25–30 Minuten garen. Dazu können Sie Feldsalat, Rucolasalat oder Lollo Rosso servieren.

Involtini mit Käsespinat. 300 g Putenbrustfilets. 2 EL Tomaten-Pesto. 30 g Mozzarella. 4 schwarze Oliven. 1 EL Olivenöl. 50 ml Gemüsebrühe. 20 ml Weißwein. 400 g Blattspinat. 1 EL Butter. 1 Knoblauchzehe. 25 g geriebener Pecorino. 35 g geriebener Parmesan. Nach Geschmack Salz, Pfeffer aus der Mühle und Muskatnuss.

FÜR 2

Den Backofen auf 200° (Umluft 180°) vorheizen. Das Fleisch dünn klopfen und beidseitig mit Salz und Pfeffer würzen. Einseitig mit Tomatenpesto bestreichen. Den Mozzarella würfeln, die Oliven entsteinen, vierteln und die Putenbrustfilets damit bestreuen. Die Rouladen einrollen und mit Küchengarn festbinden oder mit einem Zahnstocher feststecken.

Das Öl erhitzen. Die Rouladen darin rundherum kurz anbraten. Herausnehmen und in eine feuerfeste Auflaufform legen. Gemüsebrühe und Weißwein angießen, im Backofen (Mitte) etwa 20 Minuten garen. Inzwischen den Spinat verlesen, waschen und in kochendem Salzwasser 3 Minuten garen. Kalt abschrecken und sanft ausdrücken.

Den Knoblauch abziehen. Die Butter in einer beschichteten Pfanne erhitzen. Den Spinat dazugeben, mit Salz, Pfeffer und frisch geriebener Muskatnuss würzen. Den Knoblauch dazupressen, den Käse unterrühren und garen, bis er zerlaufen ist. Zu den Involtini servieren.

1 Portion Putenbrust Tomate-Mozzarella: *ca. 348 kcal, 44 g Eiweiß (51E%), 18 g Fett (46E%), 2 g Kohlenhydrate (3E%). Dieses Hauptgericht liefert nur 128 kcal pro 100 g.*

1 Portion Involtini mit Käsespinat: *ca. 494 kcal, 50 g Eiweiß (41E%), 31 g Fett (55E%), 4 g Kohlenhydrate (4E%). Dieses Hauptgericht liefert nur 115 kcal pro 100*

4 FÜR

Poulardenbrust mit Wurzelgemüse und Champignon-Ravioli.

80 g Champignons. 1 Schalotte. 10 g Petersilie. 3 TL Olivenöl und Öl für die Form. 16 Wan-Tan-Teigblätter (etwa 80 g). 1 Ei. 4 Brustfilets von der Maispoularde oder Hähnchenbrustfilets. 800 g gemischtes Gartengemüse, z.B. Sellerie, Lauch, Möhren, Kohlrabi, Zucchini und Petersilienwurzel. 1,2 Liter Gemüsefond. Nach Geschmack Salz, Pfeffer und frisch gehackte Gartenkräuter.

Die Champignons abreiben, die Schalotten abziehen und beides fein würfeln. Die Petersilie hacken, alles zusammen in 1 TL heißem Olivenöl anschwitzen.

Die Wan-Tan-Teigblätter nebeneinander auslegen, mit verquirltem Ei bestreichen. Die Champignonmasse auf 8 Blätter verteilen, jeweils ein zweites Wan-Tan-Blatt auflegen. An den Seiten leicht andrücken. Diese Ravioli in sprudelnd kochendem Salzwasser 2 Minuten garen.

Das Gartengemüse putzen, waschen und in Würfel oder Rauten schneiden. In sprudelnd kochendem Salzwasser blanchieren und in eiskaltem Wasser abschrecken. Den Gemüsefond erhitzen, das Gemüse darin erwärmen. Den Backofen auf 180° (Umluft 160°) vorheizen.

Eine Auflaufform dünn einfetten. Die Poulardenbrust abbrausen, trockentupfen und beidseitig mit Salz und Pfeffer würzen. 2 TL Olivenöl in einer Pfanne erhitzen und das Fleisch darin von beiden Seiten anbraten. In die Form legen und im Backofen (Mitte) in 10–12 Minuten fertig garen.

Das Gartengemüse auf vier tiefe Teller verteilen, die Champignonravioli darauf geben. Die Poulardenbrust mit einem Messer in Scheiben schneiden, neben den Ravioli anrichten und mit frischen Gartenkräutern garnieren.

1 Portion Poulardenbrust mit Champignon-Ravioli: *ca. 546 kcal, 38 g Eiweiß (29E%), 35 g Fett (57E%), 19 g Kohlenhydrate (14E%). Dieses Hauptgericht liefert nur 77 kcal pro 100 g.*

Der Gourmetkoch Andreas Gerlach verzaubert durch feinfühlige Kreationen sowie Aroma-Sensibilität. Jedes Gericht verspricht ein neues Geschmackerlebnis. Nicht umsonst wurden dem jungen Sternekoch 1 Michelin-Stern, 16 Punkte im Gault Milleau und 2 Hauben sowie 2 Feinschmecker-Punkte verliehen. Zu seinen Vorlieben gehören Meeresfrüchte und Fische. Er versteht es, die nordhessische Küche zu verfeinern und sie mit einem mediterranem Hauch zu etwas Besonderem zu machen.

Poulardenbrust auf Asia-Gemüse. **40 ml süßsaure Chilisauce (Fertigprodukt). 2 EL Olivenöl. 1 TL Sesamöl. 2 EL Sojasauce. 1 EL frisch gehackter Ingwer. 20 ml dunkler Balsamessig (Aceto balsamico). 100 g Lauch. 100 g Möhre. 2 kleine Zucchini. Je 1 rote und gelbe Paprikaschote. 80 g Sojasprossen. 100 g Zuckerschoten. 100 g Shiitake-Pilze. 1 EL Erdnussöl. 60 g Glasnudeln. 4 Poulardenbrustfilets mit Haut. 1 EL Rapsöl. 1 Rosmarinzweig. Nach Geschmack Salz und Pfeffer.**

4 FÜR

Für die Marinade Chilisauce, Olivenöl, Sesamöl, Sojasauce, Ingwer und Essig pürieren. Eventuell durch ein Sieb passieren. Lauch, Möhre und Zucchini putzen, waschen und in feine Streifen schneiden. Die Paprikaschoten waschen, halbieren, die Kerne und Trennwände entfernen und mit einem Sparschäler die Haut abziehen. Die beiden Paprika in feine Streifen schneiden. Die Sojasprossen und Zuckerschoten putzen und waschen. Die Pilze abreiben, in Streifen schneiden.

Das Erdnussöl in einer großen Pfanne erhitzen. Möhren- und Paprikastreifen darin etwa 4 Minuten braten, dann Zucchini, Shiitake-Pilze und Lauch zugeben, weitere 4 Minuten braten. Schließlich Zuckerschoten und Sprossen zugeben und 3 Minuten unter Rühren mitbraten.

Inzwischen die Glasnudeln nach Packungsangabe in heißem Wasser einweichen oder kurz kochen. Mit der Marinade unter das gebratene Gemüse mischen.

Die Poulardenbrustfilets abbrausen, trockentupfen, beidseitig würzen und in einer heißen Pfanne 5–6 Minuten im Rapsöl kross anbraten. Anschließend noch 5 Minuten offen ruhen lassen.

Die Poulardenbrüstchen auf dem Gemüse anrichten.

1 Portion Poulardenbrust auf Asia-Gemüse: *ca. 614 kcal, 38 g Eiweiß (25E%), 37 g Fett (54E%) 32 g Kohlenhydrate (21 E%). Dieses Hauptgericht liefert nur 121 kcal pro 100 g.*

SEITE 112

Mein Tipp: Verwenden Sie das Brustfleisch der weiblichen Ente. Diese liefert besonders zartes Fleisch. Die Entenbrust kann ihr Aroma am besten entfalten, wenn man sie in der kalten Pfanne ohne Zugabe von Fett ausbraten lässt. Durch die steigende Temperatur brät sich das Fett unter der Haut aus, die Haut wird dadurch knackig und es ist keine weitere Zugabe von Fett mehr nötig. Wichtig: Die Haut muss zuvor rautenförmig eingeritzt werden.

4 FÜR

Barbarie-Entenbrust auf Spinat mit Selleriepüree. 1½ kg frischer Blattspinat. 4 Entenbrustfilets von Barbarie-Enten mit Haut. 600 g Sellerie. 200 g Sahne. 1 Schalotte. 1 TL Butter. 1 Knoblauchzehe. 50 g getrocknete Tomaten. Nach Geschmack Salz und Muskat.

Den Blattspinat von den Stielen befreien, in sprudelnd kochendem Salzwasser blanchieren, in Eiswasser abschrecken und in einem Sieb abtropfen lassen. Den Backofen auf 160° (Umluft 140°) vorheizen.

Die Haut der Entenbrust rautenförmig einschneiden. Auf der Hautseite in die kalte Pfanne legen und bei großer Hitze scharf anbraten. Anschließend auf ein Backblech legen und im Backofen (Mitte) 8–10 Minuten garen. Anschließend in Alufolie wickeln und 5–10 Minuten ruhen lassen.

Den Sellerie putzen, waschen, in Würfel schneiden und in sprudelnd kochendem Salzwasser blanchieren. Abgießen, mit der Sahne in einem Topf verrühren, und bei mittlerer Hitze garen, bis der Sellerie butterweich ist. Die Selleriesahne pürieren und warm stellen. Schalotte und Knoblauch abziehen, die Schalotte fein würfeln. Die Butter in einem kleinen Topf erhitzen, den Knoblauch durch die Presse dazupressen und mit Schalottenwürfeln und Spinat anschwitzen. Mit Salz und Muskat abschmecken.

Die getrockneten Tomaten fein würfeln und unter den Spinat mischen. Mit dem Selleriepüree zur Entenbrust servieren.

TIPP TIPP

Wenn Sie jungen Spinat verwenden, müssen Sie diesen vor dem Verarbeiten nicht blanchieren.

Statt die Entenbrust in Alufolie zu wickeln, können Sie sie auch bei etwa 80° im Ofen ruhen lassen.

1 Portion Entenbrust auf Spinat mit Selleriepüree: *ca. 583 kcal, 40 g Eiweiß (28E%), 42 g Fett (64E%), 8 g Kohlenhydrate (8E%). Dieses Hauptgericht liefert nur 79 kcal pro 100 g.*

Alfons Schuhbeck ist ein Koch mit Charme, Witz und Heimatverbundenheit. Seine bayerische Küche ist ihm heilig und er schafft es, sie immer wieder auf Sterne-Niveau zu heben. Schuhbeck hat zahlreiche Auszeichnungen: 1 Michelin-Stern, 17 Punkte von Gault Millieau und 3 Hauben, 2 Kochmützen von Varta, 3 Kochlöffel vom Aral Schlemmer-Atlas sowie 4 Feinschmecker-Punkte. Sein Tipp: Das Schweinefilet knapp unter dem Siedepunkt, bestenfalls bei 85°–90° durchziehen lassen. Das Fleisch wird bei dieser niedrigen Temperatur gar, bleibt aber wesentlich saftiger als bei höherer Temperatur und beim Aufschneiden tritt kaum Fleischsaft aus.

4 FÜR

Bayerisches Wurzelfleisch. 500 ml Geflügelbrühe. Salz. 1 EL Zucker. 3 EL dunkler Balsamessig (Aceto balsamico). ½ TL Pimentkörner. ½ TL Pfefferkörner. ½ TL Korianderkörner. 1 Lorbeerblatt. 2 Wacholderbeeren. 500 g Schweinefilet. 4 EL Olivenöl. 1 Möhre. 1 Zwiebel. 100 g Knollensellerie. 50 g Lauch. 1 Knoblauchzehe. 1 Scheibe Ingwer. 1 TL Senf. 2 EL Sahnemeerrettich. 30 g Butter. 1 Prise frisch geriebene Muskatnuss. 1 EL Schnittlauchröllchen. Nach Geschmack etwas frischer Meerrettich.

Die Geflügelbrühe einmal aufkochen lassen, mit etwas Salz, Zucker, und Essig süß-sauer abschmecken. Piment, Pfeffer, das Lorbeerblatt, die Wacholderbeeren, leicht andrücken, hinein geben und auskühlen lassen.

Das Schweinefilet von Sehnen und Fett befreien. In einer Pfanne in 2 EL heißem Öl bei mittlerer Hitze von allen Seiten kurz anbraten. Herausnehmen und in die abgekühlte Würzmarinade legen. **Einen Tag** darin zugedeckt im Kühlschrank marinieren. Das Fleisch aus der Marinade heben. Die Marinade durch ein Sieb gießen und auffangen.

Möhre, Zwiebel, Sellerie und Lauch putzen, bis auf die Zwiebel waschen und jeweils in feine Streifen schneiden. In einem Topf 2 EL Öl erhitzen, das Gemüse bei milder Hitze glasig anschwitzen. Mit der Marinade auffüllen und kurz aufkochen lassen.

Knoblauch abziehen, Ingwer schälen und jeweils fein würfeln. Das Schweinefilet mit Knoblauch und Ingwer zum Gemüse geben und knapp unter dem Siedepunkt 15 bis 20 Minuten saftig durchziehen lassen. Nicht mehr kochen lassen.

Das Fleisch herausheben, den Sud durch ein Sieb in einen zweiten Topf passieren. Mit Senf, Sahnemeerrettich und der Butter mit einem Pürierstab aufschäumen. Mit etwas Muskat und eventuell auch noch etwas Salz abschmecken.

Das Schweinefilet in fingerdicke Scheiben schneiden, mit dem Gemüse und etwas aufgeschäumtem Sud in vier tiefen Tellern anrichten. Frischen Meerrettich darüber hobeln und das Wurzelfleisch mit Schnittlauch bestreuen.

1 Portion Bayerisches Wurzelfleisch: *ca. 451 kcal, 37 g Eiweiß (30E%), 30 g Fett (58E%), 9 g Kohlenhydrate (9E%). Dieses Hauptgericht liefert nur 114 kcal pro 100 g.*

SCHWEIN

GESUND? LOGISCH!

Schweinemedaillons mit Gemüse-Tagliatelle. 300 g Schweinefilet. 50 g Schinkenspeck in dünnen Scheiben. 200 g Tomaten. 150 g Champignons. Öl für die Form. 60 g Sahne. 150 g Zucchini. 30 g Nudeln, z.B. Fettuccine (Rohgewicht). 1 TL Butter. 150 g Blattsalate der Saison. 2 EL Balsamico-Dressing (Seite 85). Nach Geschmack Petersilie, Salz, Pfeffer und Gewürzmischung Mexiko.

FÜR 2

Das Schweinefilet in fingerdicke Scheiben schneiden. Jeweils 1 Scheibchen Schinken mit einem Zahnstocher auf die Filetstücke spießen.

Die Tomaten waschen, vom Stielansatz befreien und fein würfeln. Die Champignons putzen und in Scheiben schneiden. Den Backofen auf 200° (Umluft 180°) vorheizen.

Eine Auflaufform dünn einfetten. Medaillons und Pilze hineingeben. Die Sahne aufschlagen, die Tomatenwürfel unterziehen. Herzhaft mit Salz, Pfeffer und Mexiko-Gewürzmischung abschmecken. Die Tomatensahne über Fleisch und Pilze verstreichen und im Backofen (Mitte) 30 Minuten backen.

Die Zucchini waschen und mit einem Spargelschäler längs in dünne Streifen schneiden. Die Fettuccine in Salzwasser bissfest garen. Kurz vor dem Absieben die Zucchinistreifen dazugeben und etwa eine 1 Minute mitgaren. Die Gemüse-Tagliatelle in ein Sieb abgießen, abtropfen lassen und in eine Schüssel geben. Mit der Butter verfeinern.

Den Salat putzen, waschen, trockenschleudern und auf einem Salatteller anrichten. Mit Salz, Pfeffer und dem Essig-Öl-Dressing würzen. Die Schweinemedaillons mit den Gemüse-Tagliatelle anrichten und mit dem Salat servieren.

TIPP TIPP TIPP

Tagliatelle sind Bandnudeln, die in verschiedenen Längen und Breiten angeboten werden. Sie lassen sich aufgrund ihrer Form prima mit den Gemüsestreifen mischen. Sie können aber genauso gut andere Pasta-Sorten verwenden, z.B. Fettuccine.

Vollkorn-Teigwaren wären eine noch bessere Alternative: Sie haben eine niedrigere glykämische Last, sind ballaststoff- und mineralstoffreicher als andere Teigwaren.

1 Portion Schweinemedaillons mit Tagliatelle: *ca. 496 kcal, 47 g Eiweiß (39E%), 25 g Fett (45E%), 20 g Kohlenhydrate (16E%). Dieses Hauptgericht liefert nur 84 kcal pro 100 g.*

SEITE 118

Lauch-Röllchen mit Schinken. 400 g Lauch. 70 g Edamer in dünnen Scheiben. 100 g Kochschinken in dünnen Scheiben. 1 TL Rapsöl. 150 g Tomaten. 5 g Johannesbrotkernmehl. 50 ml Weißwein. 40 g Sauerrahm. Nach Geschmack frisch gehackte Petersilie, Salz, Pfeffer und Tomaten-Mozzarella-Salz.

2 FÜR

Den Lauch putzen, waschen und in fingerlange Stücke schneiden. In sprudelnd kochendem Salzwasser 5–7 Minuten blanchieren. In einem Sieb abtropfen lassen.

Eine Auflaufform mit dem Öl einpinseln. Um jedes Lauchstück je 1 Scheibe Käse und darum dann 1 Scheibe Schinken rollen. Die Röllchen nebeneinander in die Auflaufform legen. Den Backofen auf 200° (Umluft 180°) vorheizen. Die Tomaten waschen, die Stielansätze entfernen und die Tomaten würfeln. Das Johannisbrotkernmehl nach Packungsvorschrift mit etwas Wasser anrühren. Mit dem Weißwein, den Tomatenwürfeln und den Gewürzen mischen, um die Lauch-Röllchen in der Auflaufform gießen.

Im Backofen (Mitte) 30 Minuten backen. Mit einem Klecks Sauerrahm und frisch gehackter Petersilie servieren

Grill-Spieße mit Tsatsiki. 300 g Schweinefilet. 125 g Cocktail-Tomaten. 125 g rote oder gelbe Paprikaschote. 125 g Champignons. 2 EL Olivenöl. 1 TL getrocknete Kräuter der Provence. 50 g Schinkenspeck in dünnen Scheiben. 200 g Salatgurke. 1 sehr kleine Knoblauchzehe. 150 g Naturjoghurt. 50 g Sauerrahm. Nach Geschmack Salz und Pfeffer. 4 Holzspieße.

2 FÜR

Das Schweinefilet in fingedicke Scheiben schneiden. Tomaten und Paprika waschen, putzen und in mundgerechte Stücke schneiden. Die Champignons abreiben, große Pilze halbieren. Öl, Salz, Pfeffer und Kräuter der Provence verrühren. Die Spieße im Wechsel mit Fleisch, Gemüse und Schinkenspeck bestücken. Mit der Olivenölmarinade bepinseln. Auf dem Grill etwa 10 Minuten von beiden Seiten grillen.

In der Zwischenzeit die Salatgurke waschen und in hauchdünne Scheibchen hobeln. Die Flüssigkeit ausdrücken. Den Knoblauch abziehen und sehr fein hacken. Den Joghurt mit Sauerrahm, Salz, Pfeffer und dem Knoblauch verrühren. Die Gurkenscheiben untermischen und zu den Spießen servieren.

1 Portion Lauch-Röllchen mit Schinken: *ca. 314 kcal, 25 g Eiweiß (32E%), 18 g Fett (50E%), 13 g Kohlenhydrate (18E%). Dieses Hauptgericht liefert nur 77 kcal pro 100 g.*

1 Portion Grill-Spieße mit Tsatsiki: *ca. 445 kcal, 45 g Eiweiß (45E%), 23 g Fett (45E%), 12 g Kohlenhydrate (10E%). Dieses Gericht liefert nur 77 kcal pro 100 g.*

2 FÜR

Gefüllte Zucchini mit Parmaschinken. 2 Zucchini (etwa 300 g). 200 g Tomaten. 100 g Mozzarella. 50 g Parmaschinken in hauchdünnen Scheiben. 1 TL Olivenöl. Nach Geschmack Salz, Pfeffer und Tomaten-Mozzarella-Salz.

Die Zucchini waschen, putzen, längs halbieren und (nur!) ein wenig aushöhlen. Die Tomaten waschen und in Scheiben schneiden. Den Mozzarella abtropfen lassen und in dünne Scheiben schneiden.

Den Backofen auf 200° (Umluft 180°) vorheizen. Die Zucchini-Hälften mit Salz und Pfeffer würzen. Die Schinkenscheiben auf 2 der 4 Zucchini-Hälften gleichmäßig verteilen, die Tomaten und die Mozzarellascheiben dachziegelartig darauf anordnen. Mit dem Tomaten-Mozzarella-Salz würzen und mit den zweiten Zucchini-Hälften abdecken. Die Zucchini an der Oberseite mit Öl bepinseln und im Backofen auf Alufolie 20–30 Minuten (Mitte) backen.

2 FÜR

Knusperschnitzel mit Püree. 300 g Möhren. 125 g Brokkoli. 125 g Blumenkohl. 150 g Gemüsebrühe. 300 g Schweineschnitzel. 1 Ei. 50 g gehackte Haselnüsse. 1 EL Rapsöl. 25 g Butter. 20 g Röstzwiebeln. Nach Geschmack frisch gehackte Petersilie, Salz und Pfeffer.

Die Möhren putzen, waschen und in Scheiben schneiden. Im Schnellkochtopf mit wenig Wasser bei schwacher Hitze in etwa 10 Minuten weich garen. Brokkoli und Blumenkohl putzen, waschen und in Röschen teilen. Die Gemüsebrühe zum Kochen bringen und die Röschen darin bissfest dünsten.

Die Schnitzel mit dem Fleischklopfer behutsam weich klopfen. Von beiden Seiten mit Salz und Pfeffer würzen. Das Ei verquirlen und die Schnitzel darin wenden, anschließend in den gehackten Nüssen wenden. Das Öl in einer Pfanne erhitzen und die Schnitzel darin von beiden Seiten knusprig braten.

Die Möhren abtropfen lassen und durch die Kartoffelpresse drücken. Mit Salz und Pfeffer herzhaft abschmecken, die Hälfte der Butter unterziehen. Die Kohlröschen ebenfalls abtropfen lassen, mit der restlichen Butter im heißen Topf schwenken und mit frisch gehackter Petersilie bestreuen. Das Möhrenpüree mit den Röstzwiebeln bestreuen, mit den Schnitzeln und dem Buttergemüse anrichten.

1 Portion gefüllte Zucchini: *ca. 230 kcal, 18 g Eiweiß (31E%), 15 g Fett (57E%), 6 g Kohlenhydrate (12E%). Dieses Hauptgericht liefert nur 70 kcal pro 100 g.*

1 Portion Knusperschnitzel mit Püree: *ca. 617 kcal, 48 g Eiweiß (32E%), 41 g Fett (58E%), 16 g Kohlenhydrate (10E%). Dieses Hauptgericht liefert nur 106 kcal pro 100 g.*

2 FÜR

Schweinerollbraten mit Fenchel und Möhrenpüree. **300 g Schweinerollbraten. 1 EL mittelscharfer Senf. 50 g Zwiebel. 1 Tomate. 1 EL Rapsöl. 250 g Möhren. 300 g Fenchel. 2 TL Butter. Nach Geschmack frisch gehackte Petersilie, Salz und Pfeffer.**

Den Schweinerollbraten abtupfen, mit Salz und Pfeffer rundherum einreiben und dünn mit Senf bestreichen. Die Zwiebel abziehen und würfeln. Die Tomaten waschen, vom Stielansatz befreien und klein würfeln.

Das Öl in einem Topf erhitzen, den Braten darin von allen Seiten kräftig anbraten. Das Öl in einem Topf erhitzen, den Braten darin von allen Seiten kräftig anbraten. Zwiebel- und Tomatenwürfel zugeben und kurz mit braten. Mit etwas Wasser auffüllen und im geschlossenen Topf etwa 40 Minuten garen.

In der Zwischenzeit die Möhren putzen, waschen und in wenig Salzwasser weich garen. Den Fenchel putzen, waschen und vierteln. In kochendem Salzwasser in 10–15 Minuten bissfest garen. Anschließend abtropfen lassen.

Die Möhren durch die Gemüsepresse drücken oder im Topf pürieren. Das Möhrenpüree mit 1 TL Butter erhitzen, bis die Butter geschmolzen ist. Mit Salz und Pfeffer herzhaft abschmecken und dick mit Petersilie bestreuen.

1 TL Butter in einer Pfanne erhitzen, den Fenchel darin schwenken. Den Braten aus dem Topf nehmen, den Sud mit einer Gabel zerkleinern und zum Braten geben.

Das Fleisch mit dieser Sauce, Möhrenpüree und Butter-Fenchel servieren.

Tipp ***Bereiten Sie gleich eine größere Menge Fleisch zu, der Braten lässt sich sehr gut portionsweise einfrieren.***

1 Portion Schweinerollbraten mit Fenchel und Püree: *ca. 431 kcal, 37 g Eiweiß (35E%), 27 g Fett (55E%), 11 g Kohlenhydrate (10E%). Dieses Hauptgericht liefert nur 85 kcal pro 100 g.*

SEITE 124

2 FÜR

Saltimbocca mit buntem Salat. 150 g Rucola. 200 g Cocktail-Tomaten. 200 g Fenchel. 1 kleine Avocado. 3 EL Balsamico-Dressing (siehe Seite 85). 300 g Kalbsschnitzel in dünnen Scheiben. 15 g Butter. 4 Salbeiblätter. 2 Scheiben Parmaschinken. 2 EL Weißwein. Nach Geschmack Salz und Pfeffer.

Den Rucola verlesen, waschen, trockenschleudern und in kleine Blättchen zupfen. Die Tomaten waschen, vom Stielansatz befreien und halbieren. Den Fenchel putzen, waschen und in hauchdünne Scheiben hobeln. Die Avocado halbieren, den Kern herauslösen, die Avocado schälen und in Würfel schneiden.

Alles auf einem Salatteller arrangieren und mit dem Balsamico-Dressing beträufeln.

Die Schnitzel behutsam flachklopfen. Die Butter in einer Pfanne schaumig erhitzen und die Salbeiblätter darin 1 Minute schwenken, herausnehmen und beiseite stellen.

Die Schinkenscheiben in der Salbeibutter etwa 2 Minuten leicht anbraten, ebenfalls herausnehmen, zum Salbei geben und warm stellen.

Die Kalbsschnitzel in derselben Butter pro Seite etwa 2 Minuten braten. Mit Salz und Pfeffer leicht würzen.

Die Schnitzel auf einem vorgewärmten Teller mit je 1 Scheibe Schinken und 1 Salbeiblatt anrichten. Zugedeckt warm stellen.

Den Bratenfond in der Pfanne mit dem Weißwein ablöschen, etwas Wasser zugeben und erhitzen. Die Saltimbocca mit dem Weißweinfond beträufeln und mit dem Salatteller servieren.

1 Portion Saltimbocca mit Salat: *ca. 471 kcal, 40 g Eiweiß (35E%), 30 g Fett (57E%), 8 g Kohlenhydrate (8E%). Dieses Hauptgericht liefert nur 88 kcal pro 100 g.*

Mein Tipp: Braune Butter, auch Nussbutter genannt, ist ausgesprochen aromatisch und das feine Butter-Aroma passt nicht nur zum Roastbeef. Erhitzen Sie die gewünschte Menge Butter in einem kleinen Topf bei mittlerer Temperatur langsam, bis sie goldbraun wird und ein nussiges Aroma entwickelt. Anschließend durch ein mit Küchenpapier ausgelegtes Sieb gießen. Im verschlossenen Glas hält sie sich im Kühlschrank mehrere Wochen.

4 FÜR

Roastbeef auf Radi mit Petersilien-Pesto. 1 EL geschälte Mandeln. 1–2 EL gebräunte Mandelblättchen. 50 g Butter. 200 g Blattspinat. 2 Bund Petersilie. 1 EL frisch geriebener Parmesan. 50 ml Olivenöl. 600 g weißer Rettich. 800 g Roastbeef ohne Fettrand, küchenfertig. Nach Geschmack Salz, schwarzer Pfeffer aus der Mühle und Zitronensaft.

Mandeln und Mandelblättchen nacheinander separat in einer kleinen Pfanne ohne Fett rösten, bis sie duften. Die Butter bei milder Hitze zerlassen und leicht bräunen – nicht kochen – lassen. Den Spinat und die Petersilie waschen, trockenschleudern und von den Stielen befreien. In sprudelnd kochendem Salzwasser blanchieren, in kaltem Wasser abschrecken und in einem Sieb gut abtropfen lassen. Das übrige Wasser gut ausdrücken.

Spinat und Petersilie grob hacken. Mit Parmesan, den ganzen Mandeln, Olivenöl, brauner Butter, Salz, Pfeffer und Zitronensaft zu einer glatten Paste pürieren. Mit Salz, Pfeffer und Zitronensaft abschmecken. Den Rettich schälen, längs vierteln und in etwa 2 mm dicke Scheiben schneiden. In sprudelnd kochendem Salzwasser in etwa 1 Minute bissfest blanchieren, in kaltem Wasser abschrecken und in einem Sieb abtropfen lassen.

Die Rettichscheiben mit etwas Pesto mischen und gegebenenfalls mit Salz und Pfeffer abschmecken. Zugedeckt kühl stellen. Den Backofen auf 100° (Ober- und Unterhitze) vorheizen. Den Rost in die mittlere Einschubleiste schieben und ein Abtropfblech darunter schieben. Das Öl in einer Pfanne bei mittlerer Temperatur erhitzen und das Roastbeef darin von allen Seiten kurz anbraten, sodass sich die Poren schließen. In Alufolie wickeln, diese oben zusammenkniffen, aber nicht ganz verschließen. Auf den Rost legen und in etwa 3 Stunden im vorgeheizten Ofen (keine Umluft) rosa braten. Anschließend salzen und pfeffern.

Das Roastbeef in Scheiben schneiden und auf warmen Tellern mit dem Radi-Salat anrichten. Den Salat mit den gebräunten Mandelblättchen bestreuen, das restliche Pesto dazu reichen.

1 Portion Roastbeef auf Radi mit Pesto: *ca. 551 kcal, 51 g Eiweiß (37E%), 37 g Fett (60E%), 4 g Kohlenhydrate (3E%). Dieses Hauptgericht liefert nur 125 kcal pro 100*

SEITE 127

4 FÜR

Scharfe Rindfleischstreifen mit Kürbispüree. 800 g Hokkaido-Kürbis. 1 EL Butter. 250 ml Gemüsebrühe. 100 ml ungesüßte Kokosmilch. 150 ml frisch gepresster Orangensaft. 400 g Rinderfilet. Je 200 g rote und gelbe Paprikaschoten. 2 Frühlingszwiebeln. 2 Knoblauchzehen. 1 TL frisch gehackter Ingwer. 4 EL Sojasauce. ½ TL rote Currypaste. 100 ml Rinderbrühe. 1 TL Speisestärke oder Johannisbrotkernmehl. ½ Bund Koriander. 1 kleine rote Chilischote. 2 EL Rapsöl. 1 EL geröstete Sesamsaat. Nach Geschmack Salz und weißer Pfeffer.

Den Kürbis schälen, entkernen und in kleine Würfel schneiden. In einem Topf die Butter schmelzen. Den Kürbis darin unter Rühren andünsten. Gemüsebrühe, Kokosmilch und Orangensaft dazugießen, salzen, pfeffern und den Kürbis 20 Minuten bei schwacher Hitze köcheln lassen.

Inzwischen das Rindfleisch in schmale Streifen schneiden. Paprikaschoten und Frühlingszwiebeln putzen und waschen. Die Paprika in Würfel, die Frühlingszwiebeln in feine Ringe schneiden. Knoblauch abziehen und sehr fein würfeln. Den Koriander waschen, trockenschütteln und fein hacken. Die Chilischote waschen, entkernen und in feine Streifen schneiden. Sojasauce, Currypaste, Rinderbrühe und Stärke gut zu einer Würzpaste verrühren.

Einen Wok erhitzen und 1 EL Öl darin heiß werden lassen. Frühlingszwiebeln, Knoblauch und Ingwer darin anbraten. Das Rindfleisch dazugeben und 1–2 Minuten mitbraten, herausnehmen, salzen und pfeffern.

Wiederum 1 EL Öl im Wok erhitzen, die Paprikawürfel darin unter Rühren anbraten. Die Würzpaste dazugeben und alles 2–3 Minuten köcheln lassen. Das Fleisch dazugeben und in etwa 1 Minute heiß werden lassen, nicht mehr kochen. Die Hälfte des Korianders unterziehen.

Den Kürbis mit einem Kartoffelstampfer zu Püree zerdrücken. Chili und den restlichen Koriander unterziehen, mit Salz und Pfeffer abschmecken. Das Püree mit den scharfen Rindfleischstreifen aus dem Wok auf vier Tellern anrichten. Mit geröstetem Sesam bestreuen und servieren.

INFO INFO INFO

Kürbisfleisch ist kalorienarm, enthält nur wenig Zucker und keine Säure. Beim Hokkaido-Kürbis ist es besonders reich an Ballaststoffen, Beta-Carotinoiden, B-Vitaminen und Vitamin C, Kalium, Magnesium und Eisen. Der Hokkaido gilt als der gesündeste aller Kürbissorten! Eine weitere Besonderheit ist, dass man auch die Schale mitessen kann. Für die Zubereitung dieses Pürees sollte das schön orangefarbene Fruchtfleisch allerdings geschält werden.

1 Portion Scharfes Rindfleisch mit Kürbispüree: *ca. 341 kcal, 29 g Eiweiß (35E%), 16 g Fett (41E%), 19 g Kohlenhydrate (24E%). Dieses Hauptgericht liefert nur 63 kcal pro 100 g.*

GI-STAR CHRISTIAN HENZE

SEITE 130

FÜR 2

Rindfleisch mit Austernpilzen und Zucchini. 200 g Austernpilze. 200 g mageres Rindfleisch aus der Schulter. 1½ EL Rapsöl. 60 g Zwiebeln. 50 g Schinkenwürfel (mager). 300 g Zucchini. 1 Spritzer Zitronensaft. 50 g Sauerrahm. Nach Geschmack Petersilie, Salz und Pfeffer.

Die Austernpilze unter fließendem Wasser kurz abbrausen, putzen und große Pilze in mundgerechte Stücke schneiden. Das Rindfleisch in mundgerechte Würfel schneiden.

Das Öl in einer Pfanne erhitzen. Die Zwiebel abziehen, würfeln und im Öl glasig dünsten. Das Fleisch dazugeben und rundherum gut anbraten. Dann die Schinkenwürfel dazugeben und ebenfalls mit anbraten. Schließlich die Pilze zugeben, kurz schmoren lassen. Mit Salz und Pfeffer würzen.

Inzwischen die Zucchini waschen, putzen, längs halbieren und würfeln. Zur Pilzpfanne geben und alles zugedeckt 10 Minuten schmoren. Mit Salz, Pfeffer und etwas Zitronensaft abschmecken. Mit einem Klecks Sauerrahm und mit Petersilie bestreut servieren.

FÜR 4

Lammrücken auf Mangoldherzen. 1 Thymianzweig. 1 Rosmarinzweig. 4 Knoblauchzehen. 600 g Lammrücken. 1 EL Olivenöl. 2 Lorbeerblätter. 600 g Mangoldherzen. 2 Schalotten. 20 g Butter. Nach Geschmack Salz, Pfeffer und Muskatnuss.

Thymian und Rosmarin waschen und trockentupfen. 2 Knoblauchzehen abziehen. Den Lammrücken rundherum salzen und pfeffern. Den Backofen auf 160° (Umluft 140°) vorheizen.

Das Öl in einem Bräter erhitzen und den Lammrücken darin beidseitig anbraten. Rosmarin, Thymian, Lorbeerblätter und die beiden Knoblauchzehen dazugeben. Im Ofen (Mitte) 15–20 Minuten garen.

Gegen Ende der Garzeit die Mangoldherzen 1 Minute in sprudelnd kochendem Salzwasser blanchieren, in Eiswasser abschrecken und in einem Sieb abtropfen lassen. Die Schalotte und 2 Knoblauchzehen abziehen und in kleine Würfel schneiden. Die Butter erhitzen, Schalotten- und Knoblauchwürfelchen darin anschwitzen. Die Mangoldherzen darin kurz mitdünsten. Mit Salz, Pfeffer und Muskat würzen.

Den Lammrücken auf dem Mangoldgemüse anrichten und servieren.

1 Portion Rindfleisch mit Austernpilzen: *ca. 334 kcal, 31 g Eiweiß (38E%), 20 g Fett (53E%), 6 g Kohlenhydrate (9E%). Dieses Hauptgericht liefert nur 76 kcal pro 100 g.*

1 Portion Lammrücken auf Mangoldherzen: *ca. 332 kcal, 47 g Eiweiß (58E%), 13 g Fett (35E%), 5 g Kohlenhydrate (7E%). Dieses Hauptgericht liefert nur 102 kcal pro 100 g.*

FÜR 2

Tomaten-Bohnenauflauf mit Lammkoteletts. 2 EL Olivenöl und etwas Öl für die Form. 1 Zweig Thymian. 2 Knoblauchzehen. 2 Lammkoteletts (etwa 300 g) 225 g Brechbohnen. 1 Schalotte. 100 ml Gemüsebrühe. 250 g Tomaten. 80 g Mozzarella. Nach Geschmack frisch gehackte Petersilie, Salz und Pfeffer.

Für die Marinade 1 ½ EL Öl, Salz und Pfeffer verrühren. Die Thymianblättchen abstreifen und untermischen. 1 Knoblauchzehe abziehen und durch die Knoblauchpresse in die Marinade drücken. Die Lammkoteletts von beiden Seiten damit bestreichen und zugedeckt im Kühlschrank 3 Stunden ziehen lassen.

Dann die Bohnen waschen, putzen und in mundgerechte Stücke schneiden. Die Schalotte und die zweite Knoblauchzehe abziehen und fein würfeln.

1 TL Öl erhitzen, Zwiebel und Knoblauch darin glasig dünsten. Die Bohnen dazugeben und andünsten. Mit der Gemüsebrühe ablöschen, nach Geschmack mit Salz und Pfeffer würzen. Die Bohnen zugedeckt bei mittlerer Hitze etwa 15 Minuten köcheln lassen.

Inzwischen den Backofen auf 200° (Umluft 180°) vorheizen. Die Tomaten waschen, vom Stielansatz befreien und in Scheiben schneiden. Den Mozzarella abtropfen lassen und ebenfalls in Scheiben schneiden.

Eine Auflaufform dünn einfetten. Bohnen und Tomaten abwechselnd hinein schichten, mit dem Mozzarella belegen und im Backofen (Mitte) in 15 Minuten überbacken.

In der Zwischenzeit die Lammkoteletts auf dem Grill oder in einer Pfanne von beiden Seiten jeweils 5–7 Minuten grillen bzw. braten.

Den Auflauf mit gehackter Petersilie bestreuen und mit den Lammkoteletts anrichten.

INFO INFO INFO INFO INFO INFO

Als Lammfleisch wird Fleisch von Tieren bezeichnet, die nicht älter als ein Jahr sind. Dabei unterscheidet man noch zwischen Milchlämmern, die mindestens acht Wochen, aber nicht älter als sechs Monate sind, und Mastlämmern, deren Fleisch dunkelrosa und nur leicht mit Fett durchwachsen ist.

Lammfleisch ist ein überaus wohlschmeckendes Fleisch und in der Zubereitung ähnlich vielseitig wie Rindfleisch. Es enthält viele wertvolle Nährstoffe: Vitamin A und C, B-Vitamine, Eisen, Kalium und Kalzium. Mageres Lammfleisch enthält etwa 28–29 Prozent Eiweiß. Das Lendenkotelett ist ein Teilstück des Lammrückens. Das aufliegende Rückenfett ist ein ausgezeichneter Geschmacksträger und sollte erst nach dem Braten entfernt werden.

1 Portion Tomaten-Bohnenauflauf mit Lammkoteletts: *ca. 540 kcal, 40 g Eiweiß (30E%), 38 g Fett (62E%), 10 g Kohlenhydrate (8E%). Dieses Hauptgericht liefert nur 109 kcal pro 100 g.*

Lamm-Spieße mit Minz-Raita und Kürbitoffeln. 250 g Lammfleisch aus der Keule. 2 Knoblauchzehen. 4 EL Weißwein. 1½ EL Olivenöl. 1 TL getrockneter Oregano. 2–3 Zweige frischer Rosmarin. 400 g Hokkaido-Kürbis. 1½ EL Rapsöl. 50 ml Gemüsebrühe. 1 Bund frische Minze. 150 g Vollmilchjoghurt. 1 TL Zitronensaft. 2 EL Wasser. Nach Geschmack Salz und Pfeffer.

FÜR 2

Das Lammfleisch abbrausen, trockentupfen und in Würfeln schneiden. Den Knoblauch abziehen und durch die Presse in eine Schüssel drücken. Mit Weißwein, 1 EL Olivenöl, dem Oregano und etwas frischem Rosmarin verrühren. Das Fleisch in diese Marinade einlegen, und 1 Stunde zugedeckt kalt stellen. Zwischendurch einmal wenden.

Dann den Kürbis schälen und in etwa 5 cm lange und 2 cm dicke Stücke schneiden. Eine Auflaufform mit ½ EL Rapsöl dünn einpinseln und die Kürbisstücke gleichmäßig darin verteilen. Mit Salz und Pfeffer würzen, die Rosmarinzweige darauf legen und alles mit ½ EL Olivenöl beträufeln. Die Gemüsebrühe angießen.

Die Minze waschen, trockenschütteln und fein hacken. Mit Joghurt, Zitronensaft, dem Wasser, Salz und Pfeffer cremig rühren. Mit Salz und Pfeffer abschmecken.

Den Backofen auf 200° (Umluft 180°) vorheizen. Die Rosmarin-Kürbitoffeln im Backofen (Mitte) etwa 10 Minuten backen bzw. bis sie die gewünschte Konsistenz haben.

Währenddessen die Lammfleischwürfel auf die Holzspieße spießen. Das Rapsöl in einer Pfanne erhitzen und die Lammspieße darin rundherum braun braten. Mit Minz-Raita und den Rosmarin-Kürbitoffeln servieren.

TIPP *Um das Öl dünn und gleichmäßig auf den Kürbitoffeln zu verteilen, eignet sich ein Öl-Feindosierer, eine Art Pumpzerstäuber. Backen Sie den Kürbis nicht zu lange, sonst wird er schnell mehlig.*

1 Portion Lamm-Spieße mit Minz-Raita und Kürbitoffeln: ca. 497 kcal, 42 g Eiweiß (34E%), 28 g Fett (50E%), 16 g Kohlenhydrate (16E%). Dieses Hauptgericht liefert nur 103 kcal pro 100 g.

SEITE 134

Apfelmost, Apfelwein, Viez oder – wie die Hessen sagen – Ebbelwoi wird aus einer Mischung verschiedener Apfelsorten gekeltert. Für seine Herstellung kommen nur die säurehaltigen älteren Apfelsorten aus dem Streuobstanbau in Frage, die dem Naturprodukt seinen vollen, herb sauren Geschmack verleihen. Apfelmost hat einen niedrigen Alkoholgehalt von 5,5–7 Prozent; der Alkohol verfliegt bei diesem Gericht durch das lange Kochen.

4 FÜR

Stallhas' in Most und Süßwein. **4 Kaninchenkeulen (etwa 600 g). 1 Knoblauchzehe. 150 ml Apfelsaft. 150 ml Apfelmost. 1 Zweig Thymian. 2 Lorbeerblätter. 1 TL weiße Pfefferkörner. 1 Msp. Piment. 1 Schalotte. 1 TL Mehl. 150 ml Geflügel- oder Kalbsfond. 1 Tasse weiße Weintrauben, kernlos. 200 g Crème fraîche. 1 Blumenkohl. 1 EL Butter. Nach Geschmack Salz und Pfeffer.**

Die Kaninchenkeulen waschen, trockentupfen und zerteilen. Den Knoblauch abziehen und fein hacken. Mit Apfelsaft, Apfelmost, Thymian, Lorbeerblättern, Pfefferkörnern und Piment verrühren. Die Kaninchenkeulen darin abgedeckt im Kühlschrank etwa **12 Stunden** marinieren. Die Keulen aus der Marinade heben, abtupfen. 1 EL Butter in einer Pfanne erhitzen und die Kaninchenkeulen darin rundherum goldbraun braten. Herausnehmen, die Pfefferkörner aus der Marinade fischen.

Für die Sauce die Schalotte abziehen, fein würfeln und in der noch heißen Kaninchen-Butter anschwitzen. Mit dem Mehl bestäuben, mit der Marinade und dem Fond aufgießen und einmal aufkochen lassen.

Die Kaninchenkeulen mit Salz und Pfeffer würzen, in die Sauce geben. Bei milder Hitze zugedeckt 20 Minuten schmoren lassen. Die Kaninchenkeulen aus der Sauce heben und warm stellen. Den Blumenkohl, putzen – dabei aber im Ganzen belassen, waschen und mit dem Strunk nach oben in sprudelnd kochendem Salzwasser 15 Minuten kochen lassen.

Inzwischen die Sauce bei starker Hitze 15 Minuten dicklich einkochen. Lorbeerblätter und Thymian herausfischen, dann die Crème fraîche unterrühren und die Sauce noch etwas einkochen. Die Trauben in der Sauce erhitzen, nicht mehr kochen lassen. Mit Salz und Pfeffer abschmecken. Den Blumenkohl mit einem Schaumlöffel herausheben, abtropfen lassen und mit den Röschen nach oben auf einem Servierteller anrichten. Die Kaninchenteile wieder in die Sauce geben und dazu servieren.

1 Portion Stallhas' in Most: *ca. 493 kcal, 38 g Eiweiß (31E%), 29 g Fett (53E%), 20 g Kohlenhydrate (16E%). Dieses Hauptgericht liefert nur 101 kcal pro 100 g.*

Mein Tipp: Ziehen Sie die Kaninchenkeule dem Kaninchenrücken vor. Die Keulen sind »kochstabiler«. Und das Fleisch hat nicht den typischen Wild-Geschmack, sondern ein eher dezentes Aroma. Weniger empfehlenswert sind tiefgekühlte Kaninchenkeulen, da sie weniger saftig sind – das beeinträchtigt den Geschmack des ganzen Gerichts!

4 FÜR

Kaninchenkeule mit Schmorgemüse aus dem Ofen. 4 Kaninchenkeulen (etwa 600 g). 2 EL Olivenöl. 2 EL Tomatenmark. 60 ml Weißwein. 12 Fingermöhren mit Grün. 4 Schalotten (etwa 80 g). 1 Knoblauchzehe. 250 g Champignons. 80 g grüne Bohnen. 100 g Staudensellerie. 150 ml dunkler Kalbsfond. Nach Geschmack frisch gehackte Petersilie oder etwas frischen Thymian, Salz, Pfeffer und frischen Rosmarin.

Den Backofen auf 200° (Umluft 180°) vorheizen. Die Kaninchenkeulen abbrausen, trockentupfen, rundherum mit Salz und Pfeffer würzen. Das Öl im Bräter stark erhitzen, die Keulen darin von beiden Seiten anbraten. Anschließend im Ofen (untere Schiene) etwa 20 Minuten zugedeckt schmoren lassen.

Den Bräter herausnehmen, das Tomatenmark einrühren, im Ofen kurz rösten. Mit Weißwein ablöschen, die Kaninchenkeulen damit bestreichen und noch 10 Minuten glasieren.

Währenddessen die Fingermöhren putzen und waschen, das Grün nicht abschneiden. Die Schalotten und den Knoblauch abziehen, vierteln. Die Champignons abreiben, vierteln. Die Bohnen waschen, die Enden anschneiden und die Bohnen halbieren. Den Sellerie putzten, waschen und in Rauten schneiden. Die Kräuter waschen, trockenschütteln, je nach Sorte eventuell hacken.

Das Gemüse und den Rosmarin in den Schmortopf geben und alles noch 10–15 Minuten schmoren. Wenn die Flüssigkeit eingedickt ist, den Kalbsfond angießen. Aus dem Ofen nehmen und mit frischen Kräutern z.B. Petersilie oder gehacktem Thymian verfeinern. Im Bräter servieren.

***1 Portion Kaninchenkeule mit Schmorgemüse:** ca. 281 kcal, 39 g Eiweiß (57E%), 11 g Fett (32E%), 5 g Kohlenhydrate (11E%). Dieses Hauptgericht liefert nur 70 kcal pro 100 g.*

2 FÜR

Wildschweinrouladen mit Rotkraut. 2 kleine rote Zwiebeln. ½ Kopf Rotkohl. 2 Scheiben Wildschwein aus der Keule (etwa 300 g. 2 TL mittelscharfer Senf. 4 dünne Scheiben durchwachsener Speck. 1 EL Butterschmalz. 100 ml Wildfond. 100 ml Rotwein. 3 Lorbeerblätter. 3 Wacholderbeeren. 1 EL Olivenöl. 3 EL dunkler Balsamessig (Aceto balsamico). ½ TL Johannisbrotkernmehl. 1 EL geschlagene Sahne. Nach Geschmack Balsamessig (Aceto balsamico), Salz und rosa Pfeffer. Küchengarn oder Zahnstocher.

Die Zwiebeln abziehen, in sehr feine Ringe schneiden. Den Rotkohl putzen, vierteln und fein hobeln.

Das Fleisch behutsam dünn klopfen, beidseitig mit Salz und Pfeffer würzen. Einseitig mit Senf bestreichen und jeweils mit 2 Scheiben Speck belegen. Darauf die Hälfte der Zwiebelringe verteilen, das Fleisch zu Rouladen aufrollen und mit Küchegarn festbinden oder mit Zahnstochern feststecken.

Das Butterschmalz in einer Pfanne erhitzen und die Rouladen darin rundherum anbraten. Mit Fond und Wein ablöschen. 1 Lorbeerblatt und die Wacholderbeeren dazugeben, mit Salz und Pfeffer würzen und 15 Minuten schmoren lassen.

In einer zweiten Pfanne die restlichen Zwiebeln im heißen Öl glasig dünsten. Den Rotkohl dazugeben und unter ständigem Rühren 5 Minuten garen. Mit Essig und 2 Lorbeerblättern noch 10 Minuten bei niedriger Temperatur garen. Sollte die Flüssigkeit verdampfen, noch etwas Wasser angießen. Das Rotkraut mit Salz und Pfeffer und nach Geschmack noch etwas Essig abschmecken.

Die Wildschweinrouladen aus der Pfanne nehmen, Lorbeerblatt und Wacholderbeeren entfernen. Das Johannisbrotkernmehl mit wenig kaltem Wasser glattrühren und zügig in den Bratenfond einrühren. Die Sauce einmal aufkochen lassen, mit der Sahne verfeinern und nicht mehr kochen lassen.

Die Rouladen mit der Sauce übergießen und mit dem Rotkraut servieren.

1 Portion Wildschweinrouladen mit Rotkraut: *ca. 429 kcal, 38 g Eiweiß (36E%), 22 g Fett (46E%), 18 g Kohlenhydrate (18E%). Dieses Hauptgericht liefert nur 80 kcal pro 100 g.*

SEITE 138

Parmesan-Hackbällchen mit Tomatensauce. **200 g gemischtes Hackfleisch. 1 Ei und 1 Eiweiß. 30 g geriebener Parmesan. 1 EL fein gehackte glatte Petersilie. 1 Knoblauchzehe. 1½ EL Olivenöl. 1 kleine Zwiebel. 3 Blätter frisches Basilikum. 1 kleine Dose stückige Tomaten (400 g). 1 TL Tomatenmark. 1 TL getrockneter Oregano. Nach Geschmack Salz, Pfeffer und Chilipulver.**

FÜR 2

Das Hackfleisch mit dem Ei, dem Eiweiß, Parmesan und der gehackten Petersilie gut verkneten. Den Knoblauch abziehen, fein hacken und ebenfalls untermengen. Mit Salz und Pfeffer würzen. Aus der Hackfleischmasse kleine Bällchen formen.

1 EL Öl in einer Pfanne erhitzen. Die Bällchen darin kurz anbraten und wieder herausnehmen.

Die Zwiebel abziehen und in feine Ringe schneiden. Die Basilikumblättchen in Streifen schneiden und mit den Zwiebelringen im Bratfett andünsten. Die stückigen Tomaten hinzufügen, mit Salz, Pfeffer, Tomatenmark, Oregano sowie Chilipulver würzen und 5 Minuten köcheln lassen. Dann die Hackbällchen dazugeben und in der Tomatensauce 5–7 Minuten garen.

Varianten:

Hackbällchen mit schwarzen Oliven und getrockneten Tomaten: 10 schwarze entsteinte Oliven und 5 getrocknete Tomaten ganz klein schneiden und unter die Hackfleischmasse mengen.

Hackbällchen nach griechischer Art: Mischen Sie statt Petersilie 1 EL frisch gehackten Koriander und 50 g Fetakäse in feinen Würfelchen unter die Hackfleischmasse.

TIPP *Servieren Sie die Hackbällchen mit einer großen Schüssel gemischter Salat.*

1 Portion Parmesan-Hackbällchen mit Tomatensauce: *ca. 464 kcal, 8 g Eiweiß (29E%), 8 g Fett (64E%), 2 g Kohlenhydrate (7E%). Dieses leichte Hauptgericht liefert nur 112 kcal pro 100 g.*

2 FÜR

Frikadellen mit Zucchinicreme und buntem Gemüse. 125 g Blumenkohl. 125 g Brokkoli. 125 g Möhren. 100 g Zwiebeln. 225 g Rinderhackfleisch. 1 Ei und 1 Eiweiß. 30 g geraspelter Parmesan. 1½ EL Rapsöl. 200 g Zucchini. 10 g Butter. 30 ml Milch. 50 g Kräuterfrischkäse. Nach Geschmack Petersilie, Salz und Pfeffer.

Blumenkohl und Brokkoli putzen, waschen und in Röschen teilen. Die Möhren putzen, waschen und in feine Scheiben schneiden. Das Gemüse in kochendem Salzwasser in 10–15 Minuten bissfest garen. Anschließend abtropfen lassen. Die Zwiebeln abziehen, würfeln. Das Hackfleisch mit Salz, Pfeffer, der Hälfte der Zwiebelwürfel, Ei und Eiweiß sowie mit dem Parmesankäse verkneten. Das Öl in einer beschichteten Pfanne erhitzen. Aus dem Hackfleisch kleine Frikadellen formen und im heißen Öl in 10–15 Minuten von beiden Seiten knusprig braten.

Die Zucchini waschen, putzen und fein raspeln. Die Butter in einem Topf erhitzen, die restlichen Zwiebelwürfel darin glasig dünsten. Die Zucchiniraspel kurz mit anbraten, dann die Milch angießen. Den Deckel aufsetzen und alles etwa 10 Minuten bei mittlerer Hitze garen. Die Zucchini fein pürieren, den Kräuterfrischkäse unterziehen und mit Salz und Pfeffer ababschmecken, mit Petersilie garnieren. Frikadellen mit Gemüse und der Zucchinicreme servieren.

2 FÜR

Hackbraten mit Gemüseteller. 125 g Zwiebeln. 1 Knoblauchzehe. 150 g Möhren. 250 g gemischtes Hackfleisch. 125 g Quark (20% Fett). 1 Ei. 1 TL Olivenöl. 40 g Schinkenspeck. 150 g Tomaten. 200 g Paprikaschoten. 1 TL Butter. 200 g Brechbohnen. 20 g Pinienkerne. Nach Geschmack frisch gehackte Petersilie, Salz und Pfeffer.

Zwiebeln und Knoblauch abziehen und fein würfeln. Die Möhren putzen, waschen und würfeln. Das Hackfleisch mit den Zwiebeln, Knoblauch, Möhren, Quark und dem Ei gut vermengen. Eine kleine Kastenform dünn mit dem Öl einfetten. Die Hackfleischmasse einfüllen und mit Schinkenspeck belegen. Den Backofen auf 200° (Umluft 180°) vorheizen.

Die Tomaten waschen, vom Stielansatz befreien und in Scheiben schneiden. Dachziegelartig auf dem Schinkenspeck verteilen. Im Backofen (Mitte) etwa 30 Minuten backen. Inzwischen die Paprikaschoten waschen, putzen und in feine Streifen schneiden. In der Butter bissfest dünsten. Die Bohnen waschen, putzen und in mundgerechte Stücke schneiden. In Salzwasser 12–15 Minuten bissfest garen, in einem Sieb abtropfen lassen. Die Pinienkerne in einer beschichteten Pfanne ohne Fett rösten. Bohnen und Paprika auf einem Teller anrichten, mit Petersilie und Pinienkernen bestreuen. Mit Salz und Pfeffer abschmecken und zum Hackbraten servieren.

1 Portion Frikadellen mit Zucchinicreme: *ca. 576 kcal, 42 g Eiweiß (29E%), 40 g Fett (62E%), 12 g Kohlenhydrate (9E%). Dieses Hauptgericht liefert nur 105 kcal pro 100 g.*

1 Portion Hackbraten mit Gemüse: *ca. 640 kcal, 47 g Eiweiß (30E%), 40 g Fett (55E%), 23 g Kohlenhydrate (15E%). Dieses Hauptgericht liefert nur 96 kcal pro 100*

HACKFLEISCH
N LOGISCHER KOMBINATION

2 FÜR

Krautwickel. 300 g Weißkohl oder Wirsing. 80 g Zwiebeln. 1 kleine Knoblauchzehe. 125 g Möhren. 150 g gemischtes Hackfleisch. 100 g Speisequark (40% Fett). 1 kleines Ei. 1 TL Olivenöl. 200 g Tomaten. 120 ml Gemüsebrühe. 30 g Sahne. Nach Geschmack frisch gehackte Petersilie, Salz und Pfeffer. Rouladenklammern oder Küchengarn.

Den Weißkohl putzen, die Blätter vorsichtig ablösen und waschen. Die Stielansätze herausschneiden. Die Kohlblätter in sprudelnd kochendem Salzwasser etwa 3 Minuten blanchieren. In einem Sieb abtropfen lassen.

Zwiebeln und Knoblauch abziehen und in Würfel schneiden. Die Möhren putzen, waschen und ebenfalls würfeln.

Das Hackfleisch mit Zwiebeln, Knoblauch, Möhren, Quark und dem Ei gut vermengen. Die Krautblätter ausbreiten und in die Mitte je einen Klecks der Hackfleischmischung geben. Die Blätter zu Rouladen aufrollen und mit Rouladen-Ringen befestigen.

Den Backofen auf 200° (Umluft 180°) vorheizen. Eine Auflaufform mit dem Öl einpinseln. Die Krautwickel hineinsetzen und auf dem Herd von allen Seiten kräftig anbraten.

Die Tomaten waschen, den Stielansatz herausschneiden, die Tomaten sehr fein würfeln. Mit der Gemüsebrühe zu den Krautwickeln geben. Im Backofen etwa 30 Minuten schmoren. Herausnehmen und die Sahne unter die Tomatensauce rühren. Mit Petersilie bestreut servieren.

Tipp ***Sie können die Krautwickel auch mit etwas Öl zunächst in einer Pfanne anbraten und dann in die Auflaufform setzen.***

1 Portion Krautwickel: *ca. 440 kcal, 28 g Eiweiß (25E%), 30 g Fett (60E%), 16 g Kohlenhydrate (15E%). Dieses Hauptgericht liefert nur 75 kcal pro 100 g.*

2 FÜR

Chili con Carne. **60 g Zwiebel. ½ oder 1 sehr kleine Knoblauchzehe. 1½ EL Olivenöl. 200 g gemischtes Hackfleisch. 80 g pürierte Tomaten (Fertigprodukt). 200 g Kidney-Bohnen (Dose). 100 g weiße Bohnen (Dose). 2 EL Joghurt. 1 Spritzer Zitronensaft. 10 g frische Kräuter, z.B. Schnittlauch. 100 g Möhren. 100 g Zucchini. 100 g Fenchel. 200 g rote und gelbe oder grüne Paprikaschoten. 150 g Eisbergsalat. Nach Geschmack Salz, Pfeffer und Gewürzmischung Mexiko.**

Zwiebel und Knoblauch abziehen, die Zwiebel fein würfeln, den Knoblauch durch die Presse drücken. Das Öl in einer Pfanne erhitzen, Zwiebel und Knoblauch darin glasig dünsten.

Das Hackfleisch dazu geben und kräftig anbraten. Nach Geschmack mit Salz, Pfeffer und der Gewürzmischung würzen. Das Tomatenpüree unterrühren und alles etwa 15 Minuten bei mittlerer Hitze und geschlossenem Deckel garen. Die Bohnen in einem Sieb abtropfen lassen, in die Pfanne geben und aufkochen lassen. Erneut mit den Gewürzen abschmecken und in 10 Minuten fertig garen.

Den Joghurt mit Zitronensaft, und den gehackten Kräutern verrühren, mit etwas Salz abschmecken. Möhren und Zucchini putzen, waschen und fein raspeln. Fenchel und Paprika putzen, waschen und in dünne Scheiben schneiden. Den Eisbergsalat putzen, waschen und die Blätter zerpflücken. Die Salate auf einem Salatteller bunt anrichten und mit dem Joghurt-Dressing beträufeln. Das Chili con Carne mit dem Salat servieren.

TIPP

Bereiten Sie gleich größere Mengen zu. Chili con Carne lässt sich gut einfrieren und ist außerdem ein prima Gästeessen auf jeder LOGI-Party!

INFO INFO INFO

Rezepte für »Paprika mit Fleisch« gab es bereits im 17. Jahrhundert. Es ranken sich viele Legenden um dieses Gericht, welche wohl wahr ist? Tatsache ist, dass es sich ursprünglich um ein »Arme-Leute-Essen« handelte, für das zähes Fleisch mit Paprika, Tomaten, Bohnen und vielen Gewürzen stundenlang weich geschmort wurde. Bis heute gibt es unzählige Varianten dieses beliebte Gericht aus Südamerika zuzubereiten– mal werden nur Fleisch, Tomaten und Gewürze verwendet, mal wandern zusätzlich Bohnen und andere Gemüsesorten in den Topf.

1 Portion Chili con Carne: *ca. 553 kcal, 35 g Eiweiß (26E%), 30 g Fett (48E%), 35 g Kohlenhydrate (26E%). Dieses Hauptgericht liefert nur 81 kcal pro 100 g.*

2 FÜR

Gefüllte Paprika. 2 rote Paprikaschoten (etwa 400 g). 100 g Zwiebeln. 1 Knoblauchzehe. 150 g Möhren. 200 g gemischtes Hackfleisch. 100 g Magerquark. 1 Ei. 1 TL Olivenöl. 200 g Tomaten. 120 ml Gemüsebrühe. 25 g Sahne. Nach Geschmack Petersilie, Salz und Pfeffer.

Die Paprikaschoten waschen, um die Stielansätze einen Deckel herausschneiden, die Kerne und die Trennwände entfernen. Zwiebeln und Knoblauch abziehen und fein würfeln. Die Möhren putzen, waschen und klein würfeln. Eine Auflaufform dünn mit Öl einpinseln. Das Hackfleisch gut mit Quark, Zwiebeln, Knoblauch, Möhren und Ei vermischen. Die Paprika mit dieser Masse füllen, den »Deckel« aufsetzen und in die Auflaufform stellen.

Den Backofen auf 180° (Umluft 160°) vorheizen. Die Tomaten waschen, vom Stielansatz befreien und sehr klein würfeln. In der Auflaufform um die Paprikas verteilen, die Gemüsebrühe angießen. Im Backofen (Mitte) etwa 30 Minuten schmoren.

Vor dem Servieren die Sahne zugeben und mit dem Tomatengemüse verrühren. Mit frisch gehackter Petersilie bestreuen und servieren.

2 FÜR

Wirsing-Lasagne mit dreierlei Käse. 300 g Wirsing. 100 g Zwiebeln. 1 kleine Knoblauchzehe. 120 g gemischtes Hackfleisch. 1 Ei. 1 TL Olivenöl. 50 g Edamer. 50 g Mozzarella. 50 g Gorgonzola. 150 g Tomaten. Nach Geschmack Salz und Pfeffer.

Den Wirsing putzen, die Blätter im Ganzen vorsichtig ablösen und waschen. Die dicken Stielansätze herausschneiden. In sprudelnd kochendem Salzwasser etwa 3 Minuten blanchieren, abtropfen lassen. Zwiebeln und Knoblauch abziehen und fein würfeln. Das Hackfleisch mit Zwiebeln, Knoblauch und Ei gut vermengen.

Edamer und Mozzarella fein raspeln, den Gorgonzola in feine Würfel schneiden. Die Tomaten waschen, vom Stielansatz befreien und klein würfeln. Mit dem Gorgonzola mischen und mit Salz und Pfeffer leicht würzen. Den Backofen auf 200° (Umluft 180°) vorheizen.

Eine Auflaufform mit Öl einpinseln, mit einem Drittel der Wirsingblätter auslegen. Die Hackfleischmasse darauf verteilen und mit Edamer bedecken. Darauf die Hälfte des restlichen Wirsings legen und mit der Tomaten-Gorgonzola-Mischung bedecken. Die übrigen Wirsingblätter darauf auslegen. Mit geraspeltem Mozzarella bestreuen und im Backofen (Mitte) etwa 40 Minuten backen

1 Portion gefüllte Paprika: *ca. 465 kcal, 31 g Eiweiß (27E%), 27 g Fett (51E%), 24 g Kohlenhydrate (22E%). Dieses leichte Hauptgericht liefert nur 71 kcal pro 100 g.*

1 Portion Wirsing-Lasagne mit dreierlei Käse: *ca. 520 kcal, 37 g Eiweiß (29E%), 38 g Fett (64E%), 9 g Kohlenhydrate (7E%). Dieser Auflauf liefert nur 117 kcal pro 100 g.*

4 FÜR

Garnelen-Spieße auf exotischem Fruchtbett. Je 1 kleine rote und gelbe Paprikaschote. 1 Mango. 3 Orangen, am besten Blutorangen. 250 g rohe, glasige Garnelen – gibt es sogar schon aufgespießt. 2 EL Rapsöl. Nach Geschmack Salz, rosa Pfefferbeeren, Chilipulver und Currypulver. 4 Holzspieße.

Die Paprikaschoten und die Mango putzen und in Würfel schneiden. 2 Orangen auspressen, 1 Orange schälen, dabei auch die weiße Haut entfernen, und die Orange filetieren.

Die Garnelen kalt abbrausen, trockentupfen und auf 4 Spieße verteilen. Mit Salz und Pfeffer würzen und mit ein wenig Curry bestäuben. 1 EL Öl in einer beschichteten Pfanne erhitzen. Die Paprika darin anbraten und 3–4 Minuten garen. Währenddessen in einer zweiten, beschichteten Pfanne die Garnelenspieße in 1 EL Öl anbraten und mit 1 EL Orangensaft ablöschen.

Das Paprikagemüse mit Curry, Chili und rotem Pfeffer würzen. Den Orangensaft angießen und die Orangenfilets zugeben, ½ Minute köcheln. Die Mango hinzufügen und im Paprikagemüse erwärmen – sie sollte auf keinen Fall zu stark erhitzt werden!

Das exotische Fruchtbett auf vier Teller anrichten und je einen Garnelenspieß darauf legen.

2 FÜR

Lachsröllchen mit Gurkensalat. 3 Eier. 2 EL Milch. 1 TL Butter. 300 g Salatgurke. 70 g Vollmilchjoghurt. Saft von einer ½ Zitrone. 1–2 EL Mineralwasser. 40 g Räucherlachs. 1 TL Sahnemeerrettich. 1 EL Kresse. Nach Geschmack Salz, Pfeffer und gehackter Dill.

Die Eier mit Salz, Pfeffer und der Milch verquirlen. Die Butter in einer beschichteten Pfanne erhitzen. Die Eier hineingeben und braten, bis das Omelette von unten Farbe angenommen hat. Mit Hilfe eines Tellers wenden und in etwa 5 Minuten fertig braten.

In der Zwischenzeit die Gurke waschen, trockentupfen und in sehr feine Scheiben hobeln. Den Joghurt mit Zitronensaft, Dill, Salz und Pfeffer würzen. Mit dem Mineralwasser cremig rühren. Unter die Gurkenscheiben mischen. Das Omelett auf einen großen Teller oder ein Küchenbrett gleiten lassen. Mit dem Räucherlachs belegen, mit Sahnemeerrettich bestreichen und die Kresse darüber streuen. Das Omelette aufrollen und in etwa 2 cm dicke Scheiben schneiden. Die Lachsröllchen mit dem Gurkensalat servieren.

1 Portion Garnelen-Spieße auf Fruchtbett: *ca. 425 kcal, 30 g Eiweiß (28E%), 15 g Fett (32E%), 43 g Kohlenhydrate (40E%). Dieses leichte Hauptgericht liefert nur 76 kcal pro 100 g.*

1 Portion Lachsröllchen mit Gurkensalat: *ca. 253 kcal, 19 g Eiweiß (30E%), 17 g Fett (58E%), 7 g Kohlenhydrate (12E%). Dieses leichte Hauptgericht liefert nur 76 kcal pro 100 g.*

4 FÜR

Kabeljau auf geschmorten Gartengurken. **4 Freilandgurken oder kleine Schmorgurken (etwa 600 g). 2 TL Butter. 1 Zweig Dill. 800 g Kabeljaufilet mit Haut. 1½ EL Olivenöl. 2 Thymianzweige. 150 ml Fischsauce (siehe Rezept S. 162). Nach Geschmack Salz und Pfeffer.**

Zunächst die Fischsauce zubereiten. Die Gurken schälen, halbieren und mit einem Löffel die Kerne entfernen. Die Gurken in gleichmäßige Würfel schneiden und in 1 TL heißer Butter weich dünsten. Den Dill waschen, trockenschütteln und fein hacken. Zu den Gurken geben, mit Salz und Pfeffer würzen.

Das Kabeljaufilet kalt abbrausen, trockentupfen, in vier gleichmäßige Portionen schneiden und auf der Fleischseite mit Salz und Pfeffer würzen. Das Olivenöl in einer Pfanne erhitzen, die Kabeljaufilets von der Hautseite darin anbraten. Den Fisch wenden, 1 TL Butter und die Thymianzweige dazugeben. Die aufschäumende Butter mit einem Löffelchen auf den Fisch träufeln.

Die Fischsauce eventuell noch einmal aufschäumen und zum Fisch servieren.

2 FÜR

Lachs in Limetten-Bärlauch-Butter mit Parmesan-Spargel. **500 g weißer Spargel. 200 g Blattspinat. 2 Lachsfilets mit Haut (etwa 300 g). 1½ EL Limettensaft. 30 g weiche Butter. 1 EL fein gehackter Bärlauch. 30 g frisch geriebener Parmesan. Nach Geschmack Salz und Pfeffer.**

Den Spargel schälen und in reichlich Salzwasser mit einer Prise Zucker in 12–15 Minuten nicht zu weich garen. Den Spinat verlesen, waschen und in kochendem Salzwasser etwa 3 Minuten garen.

Die Lachsfilets auf der Fleischseite mit etwas Limettensaft einreiben, mit Salz und Pfeffer würzen. 1 TL Butter in einer beschichteten Pfanne erhitzen und den Lachs darin von beiden Seiten kurz anbraten. 1 EL Butter mit dem fein gehackten Bärlauch, dem übrigen Limettensaft und etwas Salz cremig schlagen. Mit Salz und Pfeffer abschmecken. Den Lachs in eine Auflaufform legen und mit der Limetten-Bärlauch-Butter übergießen.

Den Backofen auf 180° (Umluft 160°) vorheizen. Den Spargel in zwei Portionen aufteilen und jeweils die untere Hälfte der Spargel-Bündel mit Spinat umwickeln. Anschließend in eine zweite Auflaufform geben, großzügig mit Parmesan bestreuen und Butterflocken darauf verteilen. Spargel und Lachs im Backofen (Mitte) 10 Minuten garen.

TIPP ***Statt Spinat können Sie auch Mangold oder Rucola verwenden***

1 Portion Kabeljau auf geschmorten Gartengurken: *ca. 349 kcal, 36 g Eiweiß (41E%), 11 g Fett (49E%), 3 g Kohlenhydrate (10E%). Dieses Hauptgericht liefert nur 101 kcal pro 100 g.*

1 Portion Lachs mit Parmesan-Spargel: *ca. 525 kcal, 43 g Eiweiß (33E%), 34 g Fett (58E%), 12 g Kohlenhydrate (9E%). Dieses Hauptgericht liefert nur 96 kcal pro 100 g.*

Lauwarmer Lachs auf geschmolzenen Tomaten. 4 Tranchen Lachs ohne Haut (etwa 600 g). 600 g Tomaten. 2 EL Olivenöl. 2 Stängel Basilikum. 1 Thymianzweig. 200 g Rucola. 2 EL dunkler Balsamessig (Aceto balsamico). Nach Geschmack Salz und Pfeffer.

4 FÜR

Die Lachstranchen mit Salz und Pfeffer würzen, im Wasserdampf oder in einem Fischdämpfer bei nicht zu hoher Temperatur (ca. 70°) in 8–10 Minuten gar ziehen lassen. Die Tomaten über Kreuz einschneiden, den Stielansatz entfernen und die Früchte mit kochendem Wasser überbrühen, 1 Minute ziehen lassen, kalt abschrecken und die Haut abziehen. Die Tomaten vierteln, die Kerne entfernen und die Viertel gleichmäßig würfeln.

1 EL Olivenöl in einer Pfanne erhitzen, die Tomatenwürfel darin bei mittlerer Hitze kurz erwärmen, nicht kochen lassen. Die Basilikumblättchen in Streifen schneiden, den Thymian waschen, trockenschütteln und die Blättchen abzupfen. Die Tomaten mit den Kräutern würzen, mit Salz und Pfeffer abschmecken. Den Rucola verlesen, waschen, trockenschleudern und mit 1 EL Olivenöl und dem Essig mischen. Nach Geschmack mit Pfeffer würzen. Den Lachs auf den lauwarmen Tomaten mit dem Rucolasalat anrichten.

Tipp *Sie können auch Fleischtomaten verwenden. Dazu schmecken etwas gehobelter Parmesan und geröstete Pinienkerne sehr gut.*

1 Portion Lachs auf geschmolzenen Tomaten: ca. 352 kcal, 33 g Eiweiß (38E%), 22 g Fett (56E%), 5 g Kohlenhydrate (6E%). Dieses Hauptgericht liefert nur 97 kcal pro 100 g.

FISCH AUS OZEAN UND MEER

Christian Henze – Starkoch aus dem Allgäu. Er ist eigentlich überall präsent. Im Radio, im Fernsehen (über 200 Sendungen) – auf allen Programmen begegnet man dem Sternekoch – und natürlich auch im Buchhandel. Christian Henze hat schon zahlreiche Kochbücher veröffentlicht: Ob italienische Küche, asiatische Küche oder außergewöhnliche Retro-Rezepte, er weiß, was das Herz begehrt, und gibt seine Rezepte gerne weiter! Seine Kochkunst wird mit 1 Michelin-Stern, 3 Kochlöffeln vom Aral Schlemmer-Atlas, 3 Feinschmecker-Punkten, 16 Punkten von Gault Milleau, 8 Punkten von Marcellinos belohnt.

4 FÜR

Tomatenfisch mit Spinat-Flan. **500 g frischer Blattspinat oder 400 g tiefgekühlter Blattspinat. 2 Schalotten. 40 g Butter. 50 g geriebener Bergkäse. 80 g Crème fraîche. 2 Knoblauchzehen. 2–4 Fleischtomaten (etwa 400 g). 1 EL Olivenöl. 600 g Dorschfilet. 1 TL getrockneter Oregano. Nach Geschmack Salz, weißer Pfeffer und frisch geriebene Muskatnuss.**

Frischen Spinat verlesen, putzen und sehr gründlich waschen. Tiefgekühlten Spinat rechtzeitig auftauen lassen. Eine Hand voll Blätter beiseite legen, den Rest tropfnass in einem Topf ohne Fett bei mittlerer Hitze zusammenfallen lassen. Den Backofen auf 200° (Umluft 180°) vorheizen.

Die Schalotten abziehen und klein würfeln. Drei Viertel der Butter in einem zweiten Topf erhitzen, die Schalotten darin andünsten. Den Topf vom Herd nehmen. Den Spinat ausdrücken, grob hacken und mit Käse und Crème fraîche zu den Schalotten geben. Alles pürieren, mit Salz, Pfeffer und Muskat abschmecken. Die restlichen Spinatblätter grob hacken und unter das Spinatpüree ziehen.

Vier kleine Soufflé-Förmchen mit der restlichen Butter einfetten und mit je einem Viertel der Spinatmasse füllen. Die Förmchen in eine feuerfeste Form setzen und vom Rand heißes Wasser angießen, bis die Förmchen halbhoch im Wasser stehen. Im Ofen (Mitte) 25–30 Minuten garen.

Für den Tomatenfisch den Knoblauch abziehen und fein hacken. Die Tomaten waschen, vom Stielansatz befreien und in grobe Stücke schneiden. In einer großen Pfanne das Olivenöl erhitzen. Den Knoblauch darin bei mittlerer Hitze unter Rühren anbraten, aber nicht braun werden lassen. Die Tomatenstücke dazugeben und mit Salz, Pfeffer und Oregano würzen. 10 Minuten unter gelegentlichem Rühren ein wenig einkochen lassen.

Inzwischen die Dorschfilets waschen, trockentupfen und in große Stücke teilen. Mit Salz und Pfeffer würzen. Nach 10 Minuten auf das Tomatensugo legen und abgedeckt noch etwa 6–8 Minuten köcheln lassen, bis der Fisch gar ist. Die Form mit den Spinat-Flans aus dem Ofen nehmen, auf Teller stürzen und den Tomatenfisch dazu anrichten. Sofort servieren.

1 Portion Tomatenfisch mit Spinat-Flan: *ca. 376 kcal, 37 g Eiweiß (41E%), 23 g Fett (53E%), 5 g Kohlenhydrate (6E%). Dieses Hauptgericht liefert nur 86 kcal pro 100 g.*

SEITE 153

GI-STAR ANDREAS GERLACH

Steinbutt in Safransauce auf mediterranem Gemüse. 100 g Safransauce (Rezept siehe unten). 200 g Fenchel. 100 g Sahne. 600 g Steinbuttfilet. 1 Zucchino. 1 Aubergine. 1 rote Paprikaschote. 2 Artischocken. 2 EL Olivenöl. 150 g schwarze Oliven ohne Stein. 1 Thymianzweig. 10 g Butter. Nach Geschmack Salz und schwarzer Pfeffer aus der Mühle.

Die Safransauce wie unten beschrieben vorbereiten und auf die Hälfte einköcheln lassen. Währenddessen den Fenchel putzen, waschen, klein schneiden und in sprudelnd kochendem Salzwasser blanchieren. In ein Sieb abgießen, etwas abtropfen lassen. Anschließend mit der Sahne weich kochen und pürieren.

Zucchino, Aubergine und Paprika waschen, putzen und in Würfel schneiden. Die Artischockenböden mit einem scharfen Messer von den äußeren Blättern befreien, bis der Boden sauber sichtbar ist. Mit einem Kugelausstecher das Stroh der Artischockenböden ausstechen. Artischockenböden würfeln. Sahne und Milch in die Safransauce rühren, und diese weiter einkochen lassen. 1 EL Öl in einer Pfanne erhitzen und das Gemüse darin anbraten. Mit Salz und Pfeffer abschmecken. Die Oliven dazugeben.

Das Steinbuttfilet abbrausen, trockentupfen und mit Salz und Pfeffer würzen. In einer Pfanne 1 EL Öl erhitzen und das Fischfilet darin von beiden Seiten braten. Den Thymianzweig und die Butter dazugeben und 1 Minute mitbraten. Das Fischfilet mehrmals mit der Salbeibutter übergießen. Den Steinbutt herausheben, mit Gemüse, Fenchelpüree und Safransauce servieren.

Safransauce. 50 g Möhre. 50 g Fenchel. 1 Schalotte. 2 Tomaten. 1 EL Olivenöl. 10–12 Safranfäden (0,1 g). 10 cl Noilly Prat (Wermut). 10 cl Weißwein. 2 cl Pernod. 300 ml Fischfond. 150 g Sahne. 50 ml Vollmilch. 80 g kalte Butter. Nach Geschmack Salz.

Möhre und Fenchel putzen, waschen und in kleine Würfel schneiden. Die Schalotte abziehen und fein hacken. Die Tomaten waschen, vom Stielansatz befreien und fein würfeln.

Das Öl in einem kleinen Topf erhitzen, Gemüse, Schalotte und Tomaten darin andünsten. Den Safran hinzufügen, mit Noilly Prat und dem Weißwein ablöschen. Den Pernod zugeben und mit Fischfond auffüllen. Die Sauce im offenen Topf auf die Hälfte einkochen lassen. Sahne und Milch zugeben und weiter leise köcheln lassen, bis die Sauce um etwa ein Drittel dicklich eingekocht ist. Die Safransauce durch ein feinmaschiges Sieb passieren, mit Salz abschmecken und mit den kalten Butterflöckchen aufmixen.

1 Portion Steinbutt in Safransauce: *ca. 500 kcal, 32 g Eiweiß (26E%), 36 g Fett (63E%), 13 g Kohlenhydrate (11E%). Dieses Hauptgericht liefert nur 96 kcal pro 100 g.*

100 ml Safransauce: *ca. 148 kcal, 1 g Eiweiß (5E%), 13 g Fett (76E%), 6 g Kohlenhydrate (19E%). Diese Sauce liefert pro Portion (25 g) nur 37 kcal.*

Der Seeteufel ist ein klasse Fisch! Er hat zartes, weißes Fleisch und ist praktisch grätenfrei. Er gelingt in allen Variationen, ob pochiert, gebraten oder gedünstet.

Mein Tipp: Die Fischsauce von Seite 162 passt hervorragend zu diesem Gericht. Umgießen Sie die Medaillons mit 100 ml dieser feinen Sauce, um das Aroma noch zu unterstreichen.

4 FÜR

Seeteufel mit Zwiebelkonfit und Olivenjus. 500 g Zwiebeln. 350 ml Geflügelfond. 1 Thymianzweig. 1 EL Honig. 1 EL Sherry-Essig. 1 EL geschlagene Sahne. 120 g schwarze Oliven ohne Stein. 50 g getrocknete Tomaten. 100 ml Kalbsfond. 1 Bund Petersilie. 2 EL Olivenöl. 600 g Seeteufelfilet, in Medaillons geschnitten. 20 g Butter. Nach Geschmack Salz und Pfeffer.

Die Zwiebeln abziehen und in Ringe schneiden. In einem Topf mit dem Geflügelfond zum Kochen bringen und im offenen Topf köcheln lassen, bis die Flüssigkeit fast verdunstet ist.

Den Thymianzweig, Honig, Essig, Salz und Pfeffer dazugeben und aufkochen lassen. Die Sahne unterrühren und das Zwiebelkonfit warm stellen.

Die Petersilie waschen, trockenschütteln, die Blättchen fein hacken. Die Oliven vierteln, die getrockneten Tomaten in Streifen schneiden. Das Öl in einem kleinen Topf erhitzen, Oliven, Tomaten, Kalbsjus und Petersilie darin kurz aufkochen.

Die Seeteufel-Medaillons abbrausen, mit Küchenpapier trockentupfen und in der heißen Butter anbraten. Die Medaillons auf dem Zwiebelkonfit anrichten und die Oliven-Jus angießen.

tipp • tipp • tipp

Servieren Sie jeweils einen Klecks Crème fraîche zu den Medaillons.

Der Begriff »Zwiebelkonfit« ist übrigens eine saloppe Übersetzung des französischen »Confiture d'oignons«: »Zwiebelkonfitüre«. Die süß-sauer eingekochten Zwiebeln werden meist als Beilage zu Ragouts, Pasteten, Terrinen und Wildgerichten serviert. Zu den gebratenen Seeteufel-Medaillons schmecken sie einfach genial!

1 Portion Seeteufel mit Zwiebelkonfit: *ca. 435 kcal, 32 g Eiweiß (30E%), 29 g Fett (59E%), 11 g Kohlenhydrate (11E%). Dieses Hauptgericht liefert nur 98 kcal pro 100 g.*

1 Portion Seeteufel mit Zwiebelkonfit und 25 ml Fischsauce: *ca. 471 kcal, 32 g Eiweiß (28E%), 32 g Fett (61E%), 12 g Kohlenhydrate (11E%). Dieses Hauptgericht liefert nur 100 kcal pro 100 g.*

Ralf Zacherl – immer spontan und kreativ. Der junge Sternekoch ist Sinnbild einer neuen, modernen Trendküche. 1997 erhielt er 1 Michelin-Stern und 16 Punkte von Gault Milleau. 2002 wurde er zum »Berliner Meisterkoch« gekürt. Durch seine lebendige Fernsehsendung »Zacherl – einfach kochen« auf ProSieben machte er das Kochen auch für jüngere Zuschauer zum Happening. Seine Kochphilosophie? »Ich bemühe mich immer, aus wenigen und einfachen Zutaten etwas Köstlich-lecker-frappierend-überraschendes zu kochen.«

4 FÜR

Gratiniertes Tofuschnitzel mit Thunfisch. 4 Scheiben Tofu (400 g). 100 g getrocknete Kichererbsen. 250 ml Gemüsebrühe (aus gekörnter Instant-Brühe). 100 g Sojasprossen. 1/2 Bund Koriander. 1/2 Bund Petersilie. 1 unbehandelte Limone. 1 kleine Papaya (etwa 150 g). 200 g Thunfisch. 2 Eigelbe. 200 ml Sojadrink natur. 1 EL Rapsöl und etwas Öl für die Form. Nach Geschmack Salz und Pfeffer.

Die Tofuscheiben zum Trocknen zwischen Küchenpapier legen, würzen und in einer Pfanne in 1 EL Öl von beiden Seiten gut anbraten. Eng nebeneinander in eine leicht gefettete Auflaufform legen. Die Kichererbsen mit der Gemüsebrühe kochen bis sie so weich sind, dass man sie mit einem Mixstab zu einem Püree mixen kann. Die Kichererbsen pürieren und fingerdick gleichmäßig auf dem Tofu verstreichen.

Die Kräuter waschen, trockenschütteln und fein hacken. Die Sprossen waschen und in einem Sieb abtropfen lassen. Die Limone heiß waschen, trockentupfen, die Schale abreiben und den Saft auspressen. Den Backofen auf 180° (Umluft 160°) vorheizen.

Die Papaya schälen, die Kerne entfernen und das Fruchtfleisch in feine Würfel schneiden. Mit Kräutern und Sprossen mischen, mit Limonenschale, -saft, Salz, Pfeffer und Koriander abschmecken. Den Salat auf der Kichererbsencreme verteilen.

Den rohen Thunfisch in dünne Scheiben schneiden Mit Salz und Pfeffer würzen und fächerförmig auf dem Salat anrichten. Die Eigelbe mit Sojamilch verquirlen und über das »Sandwich« gießen. Für 3 Minuten im Ofen bei Oberhitze stocken lassen.

TIPP ***Wenn Sie die getrockneten Kichererbsen am Vortag einweichen, werden sie schneller gar. Ersatzweise können Sie auch 1 kleine Dose Kichererbsen (400 g) verwenden.***

1 Portion gratiniertes Tofuschnitzel: *ca. 401 kcal, 33 g Eiweiß (33E%), 22 g Fett (50E%), 17 g Kohlenhydrate (17E%). Dieses Hauptgericht liefert nur 106 kcal pro 100 g.*

»Es gibt nichts besseres als was Guats,« so Schuhbeck, und das Gute liegt immer ganz nah! Hierzu zählt auch der in diesem Rezept verwendete Bachsaibling. Sein Tipp: Die 24-stündige Vorbereitung ist nicht arbeitsintensiv, sondern nur zeitaufwändig, und sie lohnt sich! Falls Sie ein Vakuumiergerät zur Hand haben, geben Sie die Marinade und den Fisch in eine Gefriertüte und vakuumieren Sie alles. So kann er für zwei Tage im Kühlschrank marinieren, muss nicht gewendet werden und die Marinade zieht durch den leichten Druck gut in den Fisch ein.

4 FÜR

Gebeizter Saibling mit Schnittlauchsauce. Je 3 Streifen (fingerbreit und etwa 4 cm lang) unbehandelte Orangen- und Zitronenschale. 2 Bund Dill. 1 Bund glatte Petersilie. 1 TL Senfkörner. 1 TL Korianderkörner. 1/2 TL Wacholderbeeren. 1 TL schwarze Pfefferkörner. 30 g Salz. 15 g Zucker. 400 g Saiblingsfilet mit Haut. 1 EL Olivenöl. 100 g Crème fraîche. 3 EL Milch. 1 TL scharfer Senf. 1/2 TL Zitronensaft. 1 EL Schnittlauchröllchen. 1 Prise Cayennepfeffer. 400 g Salatgurke. 2 EL Rapsöl. 2 EL weißer Balsamessig (Balsamico bianco). Nach Geschmack Salz und Pfeffer.

Zitronen- und Orangenschalen in dünne Stifte schneiden. Für die Beize Dill und Petersilie waschen, trockenschütteln, grob hacken und mit Senfkörnern, Korianderkörnern, leicht angedrückten Wacholderbeeren, grob zerstoßenen Pfefferkörnern, Salz und Zucker gut mischen. Die Saiblingsfilets kalt abbrausen, trockentupfen und mit der Hautseite nach unten in eine große Auflaufform oder Reine legen. Die Beize großzügig über das Filet verteilen. Mit dem Olivenöl beträufeln.

Die Saiblingsfilets mit Frischhaltefolie bedecken und **8–12 Stunden**, am besten über Nacht, im Kühlschrank ruhen lassen. Am nächsten Tag die Filets wenden und noch einmal mindestens **12 Stunden** im Kühlschrank durchziehen lassen.

Crème fraîche, Milch, Senf, Zitronensaft und Schnittlauch gut miteinander verrühren und mit Salz und Cayennepfeffer würzen. Die Gurke schälen und in dünne Scheiben hobeln. Essig mit Salz und Pfeffer verrühren, das Olivenöl unterschlagen. Die Gurken mit diesem Dressing mischen.

Die Beize vom Filet entfernen, die Fischfilets kurz unter kaltem Wasser abbrausen, trockentupfen und kurz vorm Servieren in hauchdünne Scheiben schneiden. Die Haut dabei entfernen. Sauce und Salat separat zum Fisch reichen.

1 Portion gebeizter Saibling: *ca. 274 kcal, 22 g Eiweiß (32E%), 17 g Fett (54E%), 10 g Kohlenhydrate (14E%). Dieses Hauptgericht liefert nur 100 kcal pro 100 g.*

Z FÜR

Zanderklößchen in Kerbelschaum. 100 ml Fischsauce (Rezept siehe unten). 250 g Zanderfilet ohne Haut und Gräten. 300 g Fenchel. 250 g eiskalte Sahne. 2 cl Portwein. 1 Spritzer Zitronensaft. 1 Messerspitze. Cayennepfeffer. 1 Bund Kerbel. Nach Geschmack Salz.

Zunächst die Fischsauce nach untenstehendem Rezept zubereiten. Das Zanderfilet waschen, trockentupfen und würfeln. Zugedeckt im Eisfach des Kühlschranks gut durchkühlen lassen, bis es leicht angefroren ist. Inzwischen das Fenchelpüree zubereiten: Den Fenchel putzen, waschen, klein schneiden und in sprudelnd kochendem Salzwasser blanchieren. In ein Sieb abgießen, etwas abtropfen lassen. Anschließend mit 150 g Sahne weich kochen und pürieren.

Salzwasser in einem großen Topf zum Kochen bringen, den Thymianzweig hineingeben. Den Zander mit 100 g Sahne, Portwein und Zitronensaft pürieren. Den Kerbel waschen, trockenschütteln, fein hacken und untermischen.

Mit zwei Löffeln Nocken vom Fischpüree abstechen, im siedenden Thymianwasser in 8–10 Minuten garziehen lassen. Währenddessen die Fischsauce mit Kerbel aufmixen und mit dem Fenchelpüree zu den Zanderklößchen servieren.

Variante: Außerhalb der Saison können Sie den Kerbel durch Rucola, Petersilie oder Kresse ersetzen.

Fischsauce. 500 ml Fischfond. 200 ml trockener Weißwein. 200 g Sahne. 1 EL Crème fraîche. 1 Thymianzweig. 2 EL Olivenöl. 50 g kalte Butter. Nach Geschmack frisch gepresster Zitronensaft.

Fischfond und Weißwein zum Kochen bringen und im offenen Topf so lange köcheln lassen, bis sich die Menge auf etwa die Hälfte reduziert hat. Dann Sahne und Crème fraîche hinzufügen und dicklich einkochen lassen.

Den Thymianzweig hineingeben und die Sauce noch 10–15 Minuten ziehen lassen. Nicht mehr kochen. Anschließend durch ein Sieb passieren und mit dem Olivenöl und der kalten Butter aufschäumen, zum Beispiel mit dem Pürierstab. Mit Zitronensaft abschmecken.

1 Portion Zanderklößchen in Kerbelschaum: *ca. 262 kcal, 16 g Eiweiß (25E%), 19 g Fett (64E%), 6 g Kohlenhydrate (11E%). Dieses leichte Hauptgericht liefert nur 119 kcal pro 100 g.*

100 ml Fischsauce: *ca. 142 kcal, 1 g Eiweiß (5E%), 13 g Fett (81E%), 4 g Kohlenhydrate (14E%). Diese Sauce liefert nur 38 kcal pro Portion (25 g).*

Zander in Zitronensauce. 600 g Brech- oder Prinzessbohnen. ½ Zitrone. 1 Knoblauchzehe. 3 EL Olivenöl. 2 EL trockener Weißwein. 1–2 EL frisch gehackte glatte Petersilie. 3 TL Sahne. 600 g Zanderfilet. 1½ EL Rapsöl. Nach Geschmack weißer Balsamessig (Balsamico bianco).

Die Bohnen waschen und putzen. Die Zitronenhälfte auspressen. Den Knoblauch abziehen. Die Bohnen in sprudelnd kochendem Salzwasser 12–15 Minuten garen. Anschließend in einem Sieb abtropfen lassen.

1 EL Olivenöl mit dem Zitronensaft und dem Weißwein verrühren. Die Knoblauchzehe dazupressen, die Petersilie sowie die Sahne zugeben und gut unterrühren.

Das Zanderfilet kalt abbrausen, trockentupfen. Das Rapsöl in einer beschichteten Pfanne erhitzen und das Zanderfilet darin von beiden Seiten anbraten. Dann die Hitze reduzieren und die Zitronensauce dazugeben. Etwa ½ Minute mitgaren und den Fisch vom Herd nehmen.

Die Bohnen mit Salz, Pfeffer, Essig und 2 EL Olivenöl abschmecken. Das Zanderfilet mit etwas Petersilie und 2 Zitronenscheiben garnieren. Mit dem Bohnensalat servieren.

1 Portion Zander in Zitronensauce: ca. 310 kcal, 34 g Eiweiß (44E%), 17 g Fett (47E%), 7 g Kohlenhydrate (9E%). Dieses Hauptgericht liefert nur 94 kcal pro 100 g.

Alle Fischfilets, die mit der Haut gebraten werden, lässt man bei mittlerer Temperatur möglichst lange auf der Hautseite liegen. Die Haut schmeckt am besten kross gebraten und schützt zugleich das zarte Fischfleisch vor dem Austrocknen. Das Zanderfilet zieht nach dem Wenden in der Nachhitze der Pfanne durch. Dickere Fischfilets – wie z.B. Lachs – kommen noch für 5–10 Minuten in den auf 100° vorgeheizten Backofen. Fisch lässt sich besonders gut in beschichteten Pfannen braten. Mein persönlicher Tipp für die Zubereitung von Zander: Sobald sich der Fisch in der Pfanne nach oben wölbt, umdrehen und bei niedriger Hitze gar ziehen lassen.

4 FÜR

Gebratener Zander mit eingelegtem Gemüse. Je 1 rote und gelbe Paprikaschote. 100 ml und 4 EL mildes, natives Olivenöl zum Einlegen. 1–2 Fenchelknollen. ½–1 kleiner Zucchino. 2 kleine Möhren. Ein paar Thymianzweige. 1 Knoblauchzehe. 4 Zanderfilets (je etwa 150 g). 1–2 EL Öl. Nach Geschmack Salz und schwarzer Pfeffer aus der Mühle.

Die Paprikaschoten waschen, vierteln, putzen und die Hautseite mit wenig Öl einpinseln. Mit den Schnittflächen nach unten auf ein mit Backpapier belegtes Blech legen und unter dem vorgeheizten Grill solange garen, bis die Haut dunkle Blasen wirft. Herausnehmen, etwas abkühlen lassen, die Haut abziehen und das Fruchtfleisch in nicht zu kleine Würfel schneiden.

Fenchel, Zucchino und Möhren putzen und waschen. Fenchel und Zucchino in etwa 3 mm dicke Scheiben, die Möhren in feine Scheibchen schneiden. Die Möhren in sprudelnd kochendem Salzwasser kurz blanchieren, in kaltem Wasser abschrecken und in einem Sieb abtropfen lassen. Fenchel und Zucchini nacheinander bei milder Hitze in je 1 EL Olivenöl von beiden Seiten anbraten. Jeweils mit Salz und Pfeffer würzen.

Die vier Gemüsesorten in einer tiefen Schüssel mit den Thymianzweigen mischen. Den Knoblauch abziehen, in Scheiben schneiden und mit 100 ml Olivenöl unter das Gemüse mischen. Mit Salz und Pfeffer abschmecken. 2 EL Öl in einer Pfanne erhitzen. Die Zanderfilets kalt abbrausen, trockentupfen und mit der Hautseite nach unten im heißen Öl bei milder Hitzezufuhr etwa 3 Minuten kross anbraten. Den Fisch wenden, die Pfanne vom Herd nehmen und den Fisch darin in der Nachhitze 5–7 Minuten glasig durchziehen lassen. Auf Küchenpapier leicht entfetten, mit Salz und Pfeffer würzen und mit dem Gemüse auf einer Platte anrichten.

1 Portion gebratener Zander mit Gemüse: *ca. 465 kcal, 34 g Eiweiß (29E%), 32 g Fett (61E%), 11 g Kohlenhydrate (10E%). Dieses Hauptgericht liefert nur 100 kcal pro 100 g.*

FISCH AUS HEIMISCHEN GEWÄSSER

2 FÜR

Zander im Speckmantel mit Schmortomaten. **30 g Rucola. 200 g Cocktail-Tomaten. 200 g Zuckerschoten. 300 g Zanderfilet. 1 TL Senf. 100 g durchwachsener Speck in dünnen Scheiben. 1 EL Rapsöl. 1 TL Butter. 1 EL Olivenöl. 1 EL dunkler Balsamessig (Aceto balsamico). Nach Geschmack Salz und schwarzer Pfeffer aus der Mühle. Zahnstocher.**

Den Rucola verlesen, waschen und trockenschleudern. Die Tomaten waschen, vom Stielansatz befreien und halbieren. Die Zuckerschoten waschen und abtropfen lassen.

Das Zanderfilet abbrausen, trockentupfen und mit wenig Salz und Pfeffer würzen. Das Filet quer halbieren und einseitig mit Senf bestreichen. Die mit Senf bestrichene Seite jeweils mit 3–4 Rucolablättern belegen. Den Fisch anschließend in Speck einrollen und mit Zahnstochern fixieren.

Die Butter in einem Topf zerlassen. Die Zuckerschoten darin 6–7 Minuten bei schwacher Hitze braten. Herausnehmen und warm halten. Das Olivenöl im Topf erhitzen und die Cocktail-Tomaten darin 3–4 Minuten schmoren, dabei ab und zu wenden. Mit Salz, Pfeffer und Essig abschmecken.

Währenddessen das Rapsöl in einer beschichteten Pfanne erhitzen und den Fisch darin bei mittlerer Hitze in 7–8 Minuten rundherum braun braten.

Die Zanderröllchen mit den Zuckerschoten und den Schmortomaten auf zwei Tellern anrichten und servieren.

Walnuss-Vinaigrette. **1 TL Dijon-Senf. 50 ml Rinderbrühe. 40 ml Sherryessig. 50 ml Walnussöl und 50 ml Traubenkernöl. Nach Geschmack Salz und Pfeffer.**

Für die Vinaigrette Senf, lauwarme Rinderbrühe, Essig, Salz und Pfeffer verrühren. Das Walnuss- und das Traubenkernöl untermischen. Noch einmal mit Salz und Pfeffer abschmecken.

1 Portion Zander im Speckmantel mit Schmortomaten: *ca. 405 kcal, 43 g Eiweiß (43E%), 20 g Fett (43E%), 13 g Kohlenhydrate (14E%). Dieses Hauptgericht liefert nur 92 kcal pro 100 g.*

100 ml Walnussvinaigrette: *ca. 470 kcal, 2 g Eiweiß (2E%), 52 g Fett (97E%), 1 g Kohlenhydrate (1E%). Dieses Dressing liefert pro Portion (25 g) nur 92 kcal.*

Mein Tipp: Die Walnussvinaigrette können Sie vielseitig einsetzen. Sie passt als Dressing für alle kräftigen Salate, wie z.B. Selleriesalat, zu Rohkost, zu Salaten mit frischem Spinat oder Rucola.1

4 FÜR

Zander auf Strauchtomaten. 4 EL Walnuss-Vinaigrette (Rezept nebenstehend). 8 Strauchtomaten (etwa 500 g). 1 EL dunkler Balsamessig (Aceto balsamico). 2 EL Kürbiskernöl. 125 g gemischte Blattsalate. 2 EL Kürbiskerne. 600 g Zanderfilet. 1 EL Rapsöl. 10 g Butter. 1 Thymianzweig. Nach Geschmack Salz und weißer Pfeffer.

Die Walnuss-Vinaigrette nach nebenstehendem Rezept zubereiten. Die Tomaten waschen, vom Stielansatz befreien und in Scheiben schneiden. Auf vier Tellern fächerförmig auslegen, mit Salz und Pfeffer würzen und mit Essig und Kürbiskernöl gleichmäßig beträufeln.

Die Salatblätter waschen, trockenschleudern, dekorativ auf den Tomaten anrichten und mit je 1 EL Walnuss-Vinaigrette beträufeln. Die Kürbiskerne in einer beschichteten Pfanne ohne Fett rösten. Den Zander kalt abbrausen, trockentupfen und in vier gleichmäßige Portionen schneiden. Das Rapsöl in einer Pfanne erhitzen. Die Zanderfilets darin auf der Hautseite anbraten. Die Butter und den Thymianzweig zugeben, gleichmäßig bräunen lassen und den Fisch mit der Butter mehrmals übergießen.

Den durchgebratenen Zander auf dem Salat anrichten und mit Kürbiskernen bestreuen.

TIPP TIPP

Steirisches Kürbiskernöl hat im Vergleich mit anderen nicht raffinierten Speiseölen die höchste Schutzwirkung vor den gesundheitlich unerwünschten freien Radikalen. Das dunkelgrüne Kürbiskernöl hat ein würziges, nussiges Aroma und verleiht den Tomaten eine raffinierte Note, die in interessantem Kontrast mit der Walnuss-Vinaigrette harmoniert.

1 Portion Zander auf Strauchtomaten: *ca. 326 kcal, 32 g Eiweiß (40E%), 20 g Fett (55E%), 4 g Kohlenhydrate (5E%). Dieses Hauptgericht liefert nur 97 kcal pro 100 g.*

SEITE 168

Ich finde, dass der Zander von allen Süßwasserfischen der schmackhafteste Fisch ist. Vor allem mit Haut lässt er sich sehr gut zubereiten, da diese ihm viel Stabilität verleiht. Der Zander passt auch gut in rustikalen Gerichten, z.B. kombiniert mit Sauerkraut oder Speck. Die Idee für dieses Rezept beruht auf einer alten Tradition aus dem Elsass.

4 FÜR

Zander auf Rahmsauerkraut mit Südtiroler Speck. 2 Schalotten. 35 g Schmalz. 600 g Sauerkraut. 100 ml halbtrockener Weißwein. 200 ml Kalbs- oder Geflügelfond. 2 Lorbeerblätter. 8 Wacholderbeeren. 1 Nelke. 3 Pimentkörner. 10 schwarze Pfefferkörner. 8 Scheiben Südtiroler Speck (etwa 300 g). 2 EL geschlagene Sahne. 600 g Zanderfilet mit Haut. 1 EL Rapsöl. 5 Thymianzweige. 20 g Butter.

Die Schalotten abziehen, in Ringe schneiden und im heißen Schmalz andünsten. Das Sauerkraut in einem Sieb ausdrücken, zu den Schalotten geben, unter Rühren kurz anbraten. Mit dem Wein ablöschen.

Den Fond, die Lorbeerblätter, Wacholderbeeren, Nelken, Piment und Pfefferkörner ebenfalls hinzufügen, 10 Minuten köcheln lassen. Inzwischen den Speck in einer kleinen Pfanne kross anbraten. Das Sauerkraut mit der Sahne verfeinern, nicht mehr kochen lassen.

Das Zanderfilet kalt abbrausen, mit Küchenpapier trockentupfen und auf der Hautseite im heißen Öl kross anbraten. 1 Thymianzweig und die Butter zugeben. Den Fisch mit der geschmolzenen Butter mehrmals übergießen

Das Zanderfilet auf dem Rahmsauerkraut mit den kross gebratenen Speckscheiben anrichten, mit Thymianzweigen garnieren.

__1 Portion Zander auf Rahmsauerkraut:__ ca. 503 kcal, 51 g Eiweiß (41E%), 30 g Fett (52E%), 8 Kohlenhydrate (7E%). Dieses Hauptgericht liefert nur 101 kcal pro 100 g.

4 FÜR 1

Farinata-Grundteig. 125 g Kichererbsenmehl. 250 ml Wasser. 1 EL kalt gepresstes, natives Olivenöl. Nach Geschmack Salz, Pfeffer aus der Mühle und frischer Rosmarin.

Das Kichererbsenmehl in eine Schüssel geben, das Wasser nach und nach zugeben und unterrühren. Es entsteht ein flüssiger Brei. Diesen Kichererbsenbrei über Nacht zugedeckt quellen lassen. Möglicherweise bildet sich Schaum an der Oberfläche, diesen mit einem Schaumlöffel abnehmen.

Das Öl unter den Teig rühren und mit Salz und Pfeffer würzen. Sie können zusätzlich frischen, gehackten Rosmarin unterziehen. Den Backofen auf 200° (Umluft 180°) vorheizen.

Den Kichererbsenteig auf ein großes beschichtetes Blech oder in eine große, leicht gefettete Auflaufform gießen. Im Backofen (Mitte) etwa 20 Minuten backen bis die Oberfläche schön braun ist. Die Farinata schmeckt warm am besten.

Tipp Tipp

Falls Sie kein Kichererbsenmehl haben, können Sie auch getrocknete Kichererbsen fein mahlen und wie im Rezept beschrieben zubereiten.

Der Teig schmeckt am besten, wenn er ganz dünn gebacken wird. Er sollte deswegen maximal 1 cm hoch auf dem Blech bzw. in der Auflaufform stehen.

Hinweis: Farinata ist eine super Alternative zu Weizenfladenbrot. Sie liefert deutlich weniger Kohlenhydrate, nämlich nur etwa ein Drittel einer vergleichbaren Menge Weizenfladenbrot mit rund 48 g pro 100 g. Und sie ist mit 128 kcal pro 100 g auch deutlich kalorienärmer als Weizenfladen mit 235 kcal pro 100 g.

Auch ein üblicher Pizza-Hefeteig liefert mit etwa 44 g Kohlenhydraten pro 100 g die dreifache Menge Kohlenhydrate im Vergleich zu Farinata – bei 302 kcal pro 100 g.

Variationen:

Farinata Siciliana

Bestreichen Sie die warme Farinata mit etwas Olivenöl und bestreuen Sie sie mit getrocknetem Oregano, Salz und Pfeffer. Sie können ihr mit etwas Chili noch mehr Würze verleihen.

Farinata-Pizza

So wird die Farinata zur leckeren Pizza: Nehmen Sie die Farinata aus dem Backofen heraus, sobald die Oberfläche geronnen ist. Belegen Sie sie nach Geschmack, beispielsweise mit Peperoniwurst, Rucola, schwarzen Oliven, etwas Tomatensauce und Parmesan. Dann weitere 5–10 Minuten backen.

1 Portion Farinata (ohne Belag): *ca. 124 kcal, 6 g Eiweiß (18E%), 5 g Fett (32E%), 15 g Kohlenhydrate (50E%). Dieses Hauptgericht liefert nur 128 kcal pro 100 g.*

SEITE 172

LOGI-Taler. 110 g fein gemahlenes Kichererbsenmehl. 1 Päckchen Trockenhefe. 125 ml lauwarmes Wasser. 1 Ei. 1 EL Quark (20% Fett). 200 g Buttermilch. 4 EL Weizenkleber (Gluten). 1 TL Salz. 70 g Weizenkleie. 30 g Haferkleie. 40 g gemahlene Haselnüsse. 80 g gemahlene Mandeln. 50 g Nusskern-Mischung (z.B. Sonnenblumenkerne, Kürbiskerne, Leinsamen). 30 g gehobelte Haselnüsse.

Kichererbsenmehl und Trockenhefe gut vermischen. Das lauwarme Wasser nach und nach dazugeben und alles gut zu einem Teig verkneten. 30 Minuten zugedeckt an einem warmen Platz gehen lassen.

Nacheinander das Ei, Quark, Buttermilch, Weizenkleber, Salz, Weizenkleie, Haferkleie, gemahlene Haselnüsse und Mandeln zum Teig geben. Gut durchkneten. Zum Schluss die Nuss-Kern-Mischung mittelfein hacken und untermischen. Den Teig weitere 30 Minuten zugedeckt warm stellen und gehen lassen.

Den Backofen auf 200° (180° Umluft) vorheizen. Ein Blech mit Backpapier belegen. Vom Teig mit einem Esslöffel insgesamt 30 Portionen abnehmen, auf das Blech setzen und jeweils etwa 1 cm dicke Taler von 6 cm Durchmesser formen. Die LOGI-Taler 30–40 Minuten backen.

Hinweis: 1 LOGI-Taler enthält nur 7 g Kohlenhydrate, 1 Vollkornbrötchen hingegen 19 g Kohlenhydrate – also fast die dreifache Menge.

__1 LOGI-Taler:__ ca. 122 kcal, 7 g Eiweiß (22E%), 8 g Fett (56E%), 7 g Kohlenhydrate (22E%). Dieses Brot liefert 239 kcal pro 100 g.

Mein Tipp: Auch bei LOGI muss auf Süße nicht verzichtet werde. Eine sehr gute Alternative zu Zucker ist der Agavendicksaft. Schmeckt herrlich frisch und süß. Sie finden ihn in jedem Reformhaus oder Bioladen.

4 FÜR

Buttermilchnocken auf Brombeersauce.

2 große, unbehandelte Saftorangen. 180 g Buttermilch. 1 TL Agar-Agar (Geliermittel aus Algen). 2 TL Agavendicksaft. 100 g Sahne. 400 g Brombeeren. Zitronenmelisseblättchen zum Garnieren.

1 Orange heiß waschen und trockentupfen. Die Schale mit einem Zestenreißer in feinen Streifen abziehen, 1 EL für die Dekoration beiseite legen. Beide Orangen auspressen.

Die Buttermilch und die Hälfte des Orangensafts in einen Topf geben und mit dem Agar-Agar-Pulver und 1 TL Agavendicksaft verrühren. Unter Rühren zum Kochen bringen. Bei schwacher Hitze noch 1–2 Minuten unter Rühren kochen lassen, bis das Agar-Agar-Pulver vollständig gelöst ist. Die Mischung abkühlen lassen. Die Orangenzesten unter die Buttermilchcreme ziehen. Sobald die Creme anfängt zu gelieren, die Sahne steif schlagen und unterheben. 2 Stunden zugedeckt kalt stellen.

Für die Sauce die Brombeeren behutsam verlesen, abbrausen und abtropfen lassen. 50 g der Beeren beiseite legen, die übrigen pürieren und durch ein Sieb streichen. Mit dem übrigen Orangensaft und 1 TL Agavendicksaft verrühren. Die Brombeersauce auf vier Dessertteller verteilen. Von der Buttermilchcreme Nocken abstechen und auf der Brombeersauce anrichten. Mit Brombeeren, Orangenzesten und den Zitronenmelisseblättchen garnieren.

TIPP

Statt einer Brombeersauce schmeckt auch eine Himbeersauce sehr gut zu den Nocken, die Zubereitung ist identisch. Wer es etwas herber mag, kann auch Limettenzesten unter die Nocken rühren. Dann allerdings 200 g Buttermilch verwenden und den Orangensaft durch den Saft von 1 unbehandelten Limette oder Zitrone ersetzen. Je nach Geschmack mit etwas mehr Agavendicksaft süßen.

INFO

Das aus Algen gewonnene Agar-Agar ist das älteste und ergiebigste Geliermittel pflanzlichen Ursprungs. Seine Gelierkraft ist um ein Vielfaches höher als das der Gelatine tierischen Ursprungs, deswegen kann Agar-Agar äußerst sparsam dosiert werden. Agar-Agar muss grundsätzlich zunächst mit etwas kalter Flüssigkeit angerührt und dann 1–2 Minuten in Flüssigkeit gekocht werden. Erst beim Abkühlen beginnt die Masse fest zu werden. Beachten Sie unbedingt auch die Packungsangaben!

1 Portion Buttermilchnocken auf Brombeersauce: *ca. 172 kcal, 4 g Eiweiß (13E%), 9 g Fett (46E%), 24 g Kohlenhydrate (31E%). Dieses Dessert liefert nur 69 kcal pro 100 g.*

2 FÜR

Bunte Melonen-Kaltschale. ½ kanarische Melone. 4 »Kugeln« Netzmelone (etwa 40 g). 4 »Kugeln« Honigmelone (etwa 40 g). 4 »Kugeln« Wassermelone (etwa 40 g). 1 TL Honig oder Agavendicksaft. 300 g Buttermilch. 1 EL Kokosflocken. Zitronenmelisse zum Garnieren.

Mit einem Eis-Portionierer 4 Kugeln aus dem Fruchtfleisch der kanarischen Melone ausstechen und zugedeckt beiseite – eventuell kühl – stellen.

Das restliche Fruchtfleisch dieser Melone mit Honig und Buttermilch gut pürieren. Anschließend 1 Stunde kalt stellen.

Je 4 Kugeln Netzmelone, Honigmelone und Wassermelone ausstechen. Die Melonen-Buttermilch in zwei tiefe Teller gießen und je 2 Kugeln Netz-, Honig-, Wasser- und kanarische Melone auf diesem Spiegel anrichten. Mit Kokosflocken bestreuen und mit Zitronenmelisse garnieren.

TIPP: *Sie können statt der kanarischen Melone natürlich auch jede andere Melonensorte verwenden*

1 FÜR

Cafe Granité. 250 ml Kaffee (z.B. Espresso). 1 TL Agavendicksaft (nach Geschmack). 25 g Sahne.

Den Kaffee zubereiten, mit dem Agavendicksaft süßen und erkalten lassen. Den Kaffee in eine flache, gefrierbeständige Schüssel geben und etwa 3 Stunden ins Gefrierfach stellen, bis der Kaffee nahezu gefroren ist.

Dann die Sahne steif schlagen. Den geeisten Kaffee in viele kleine Eisstückchen zerstoßen – das gelingt besonders einfach mit einem Eis-Crusher. Die Granité in ein dekoratives Glas füllen, ein Sahnehäubchen aufspritzen und mit Strohhalm servieren.

1 Portion Melonen-Kaltschale: *ca. 185 kcal, 7 g Eiweiß (17E%), 7 g Fett (35E%), 22 g Kohlenhydrate (48E%). Dieses erfrischende Dessert liefert nur 49 kcal pro 100 g.*

1 Portion Cafe Granité: *ca. 107 kcal, 1 g Eiweiß (4E%), 8 g Fett (63E%), 9 g Kohlenhydrate (33E%). Dieses erfrischende Getränk liefert nur 37 kcal pro 100 g.*

DESSERTS:

…SSES NACH LOGI-ART.

Quarkcreme mit Mangopüree. **200 g Quarkcreme oder Magerquark. 150 g Vollmilchjoghurt. 20 g Kokosnussraspel. ½ TL Butter. 1 TL Honig. 20 g gehackte Walnusskerne. 1 große, reife Mango.**

4 FÜR

Quark und Joghurt cremig verrühren. Die Koksraspel in die beschichteten Pfanne ohne Fett kurz rösten und beiseite stellen. Die Butter in der Pfanne zergehen lassen und die Walnüsse darin anrösten, ½ TL Honig unterrühren und vom Herd nehmen.

Die Mango schälen, vom Kern schneiden und pürieren. Jeweils 3 EL Quarkcreme auf vier flachen Tellerchen verstreichen. Je 2 EL Mangopüree in die Mitte klecksen, mit den gerösteten Nüssen und Kokosraspeln bestreuen. Mit Minzeblättchen garnieren

TIPP ***Sie können statt der Walnüsse auch gehackte Pistazien verwenden.***

Vanillequark mit Erdbeerpüree. **125 g Speisequark. 125 g Vollmilchjoghurt. 300 g Erdbeeren. 1 Vanilleschote. 1 TL Agavendicksaft.**

2 FÜR

Den Quark mit dem Joghurt cremig rühren. Die Erdbeeren vorsichtig waschen, entkelchen und die Hälfte der Erdbeeren pürieren. Die übrigen Beeren in Scheiben schneiden.

Die Vanilleschote der Länge nach aufschlitzen und das Mark in die Quarkmischung kratzen. Den Agavendicksaft dazugeben und beides gut unterrühren. Den Vanillequark mit dem Erdbeerpüree und den frischen Erdbeeren servieren.

INFO INFO ***Agavendicksaft aus dem süßen Herz der wilden Agave hat eine stärkere Süßkraft als Zucker und ist gleichzeitig kalorienärmer. Agavendicksaft hat darüber hinaus eine besonders niedrige glykämische Last, das feinaromatische Süßungsmittel ist somit ideal zum Süßen in der LOGI-Küche!***

1 Portion Quarkcreme mit Mangopüree: *ca. 160 kcal, 7 g Eiweiß (18E%), 9 g Fett (48E%), 13 g Kohlenhydrate (34E%). Dieses Dessert liefert nur 99 kcal pro 100 g.*

1 Portion Vanillequark mit Erdbeerpüree: *ca. 156 kcal, 12 g Eiweiß (30E%), 5 g Fett (30E%), 16 g Kohlenhydrate (40E%). Dieses Dessert liefert nur 59 kcal pro 100 g.*

2 FÜR

Bratapfel. 15 g Rosinen. 2 EL Rum. 2 große, säuerliche Äpfel, z.B. Boskop. Etwas Zitronensaft. ½ TL Butter und Butter für die Form. 15 g gehackte Walnusskerne. 1 TL Agavendicksaft. 2 EL geschlagene Sahne. 100 g Magerquark. 1 Vanilleschote. Nach Geschmack Zimt.

Die Rosinen mit Rum bedecken und etwa 15 Minuten zugedeckt ziehen lassen. Anschließend in einem Sieb abtropfen lassen.

Die Äpfel waschen und je ein Viertel des Apfels als Deckel abschneiden. Das Kerngehäuse herausschneiden und das Fruchtfleisch vorsichtig herausschneiden. Dabei sollte ein Rand von gut ½ cm stehen bleiben – auch am »Boden«.

Die Butter schmelzen. Die Äpfel innen mit Zitronensaft beträufeln, außen mit etwas geschmolzener Butter bepinseln. Den Backofen auf 200° (Umluft 180°) vorheizen.

Für die Füllung das Fruchtfleisch pürieren. Mit den Walnüssen und den abgetropften Rosinen mischen. Mit Zimt und Agavendicksaft abschmecken und die Masse in die Äpfel füllen.

Die Äpfel in eine mit Butter dünn eingefettete Form geben und im Backofen (Mitte) 40–45 Minuten braten. Die Äpfel sind fertig, wenn das Fruchtfleisch des Apfels weich ist.

Für die Creme die Sahne steif schlagen und unter den Quark heben. Die Vanilleschote längs aufschlitzen, das Mark in die Creme kratzen. Diese mit Zimt und Agavendicksaft abschmecken und zum Bratapfel servieren.

Tipp ***Die »Deckel« in den ersten 20 Minuten neben den Äpfeln braten und dann erst auflegen. So garen sie schneller, und die Füllung trocknet dennoch nicht aus.***

1 Portion Bratapfel: *ca. 278 kcal, 11 g Eiweiß (15E%), 13 g Fett (40E%), 31 g Kohlenhydrate (45E%). Dieses Dessert liefert nur 103 kcal pro 100 g.*

4 FÜR

Gebratener weißer Pfirsich. 2 TL Lavendelhonig. 20 g Pinienkerne. 1 TL Butter. 4 weiße Pfirsiche. 80 ml Weißwein. 2 cl Grand Manier.

Lavendelhonig, die ganzen Pinienkerne und Butter in einer Pfanne bei mittlerer Hitze leicht karamellisieren. Die Pfirsiche waschen, trockentupfen, halbieren, entsteinen und die Pfirsichhälften zum Nuss-Karamell geben. Mit Weißwein ablöschen und bei aufgelegtem Deckel 4–5 Minuten leicht köcheln lassen.

Die Pfirsiche herausheben, leicht abkühlen lassen und die Haut abziehen. Den Sirup in der Pfanne in der offenen Pfanne noch etwas köcheln lassen, damit sie dickflüssiger wird. Mit dem Grand Manier verfeinern. Die Pfirsiche in vier Dessertschälchen oder Cocktailgläsern anrichten und mit dem Sirup übergießen.

TIPP *Zu den gebratenen Pfirsichen passt sehr gut auch eine Quarkcreme.*

Weiße Pfirsiche sind eine spezielle Züchtung der gelben Pfirsiche. Sie sind saftiger und schmecken noch aromatischer als ihre gelben Verwandten. Leider sind sie nicht immer erhältlich. Ersatzweise können Sie auch die gelben Pfirsiche verwenden.

2 FÜR

Mango-Sticks mit Beerensauce. 200 g gemischte, tiefgekühlte Beeren. 200 g reife Mango. 1 EL Agavendicksaft. 25 g Kokosflocken. Minze zum Garnieren.

Den Backofen auf 180° (Umluft 160°) vorheizen. Die Beeren pürieren. Die Mango schälen, vom Kern schneiden und das Fruchtfleisch in 5–8 cm lange, fingerbreite Sticks schneiden.

Den Agavendicksaft erhitzen, bis er flüssig wird. Die Sticks darin wenden und in den Kokosflocken wenden. Auf ein mit Backpapier belegtes Backblech legen und im Backofen (Mitte) 5–7 Minuten backen. Eventuell zwischendurch wenden, damit die Mangostäbchen rundherum bräunen. Die Mango-Sticks mit der Beerensauce servieren und mit frischen Minzeblättchen garnieren.

TIPP *Bei Bedarf können Sie die Sauce auch ganz leicht mit Agavendicksaft, Honig oder Süßstoff süßen.*

1 Portion gebratener weißer Pfirsich: *ca. 124 kcal, 3 g Eiweiß (9E%), 4 g Fett (26E%), 19 g Kohlenhydrate (65E%). Dieses Dessert liefert nur 84 kcal pro 100 g.*

1 Portion Mango-Sticks mit Beerensauce: *ca. 192 kcal, 2 g Eiweiß (9E%), 11 g Fett (41E%), 11 g Kohlenhydrate (50E%). Dieses Dessert liefert nur 87 kcal pro 100 g.*

L★GI-STAR ANDREAS GERLACH

SEITE 184

Apfelmostsüppchen. 1 Zitrone. 500 ml Apfelsaft. 500 ml Apfelwein. 2 TL Honig. 1 Vanillestange. ½ Zimtstange. 6 Blatt Gelatine. 6 cl Winzersekt. 3 Äpfel. 2 EL Rotwein.

4 FÜR

Die Zitrone heiß waschen, trockentupfen und in Scheiben schneiden. Apfelsaft und Apfelwein mit 2 EL Honig, der Vanille- und der Zimtstange sowie den Zitronenscheiben leicht erwärmen. Dann etwa 30 Minuten im zugedeckten Topf ziehen lassen. Den Sud durch ein Sieb in eine Schüssel abgießen.

Die Gelatine 5 Minuten einweichen, ausdrücken und in den heißen Sud rühren, bis sie sich aufgelöst hat. 6–8 Stunden gut durchkühlen lassen.

Kurz vor dem Servieren den kalten Sekt vorsichtig unterrühren. Die Äpfel schälen, in Kugeln ausstechen und mit Rotwein und 2 TL Honig – nicht zu – weich kochen. Als Einlage in das Süppchen geben.

Cremiges Ananas-Sorbet. 200 g frische Ananas (Fruchtfleisch). 125 g Vollmilchjoghurt. 50 ml Ananassaft (ungezuckert). 1 TL Agavendicksaft. 2 EL geschlagene Sahne. Zum Anrichten z.B. 2 Erdbeeren, 2 Physalis und etwas Zitronenmelisse.

2 FÜR

Das frische Ananasfruchtfleisch in Würfel schneiden. Zwei Ananaswürfel zu Seite legen, den Rest mit Joghurt, Ananassaft und Agavendisksaft pürieren.

Die Ananas-Joghurt-Creme in ein Metallgefäß gießen. Achtung: Es darf nur so groß sein, dass es ins Gefrierfach des Kühlschranks passt. Die Creme mindestens 4 Stunden im Gefrierfach gefrieren lassen. Alle halbe Stunde herausnehmen und die Masse mit einem Löffel oder Schneebesen gut durchmischen. Das verhindert die Eiskristallbildung und das Sorbet erhält eine feine cremige Konsistenz.

Kurz vor dem Servieren je 1 Ananasstück mit 1 Erdbeere und 1 Physalis auf Zahnstocher spießen. Das Sorbet in Kugeln in zwei Glasschalen oder Champagnergläser verteilen. Mit einem Häubchen Sahne, einem Fruchtspieß und Zitronenmelisseblättchen servieren.

TIPP!

Die Ananas können Sie durch Himbeeren, Erdbeeren, Aprikose, Mango etcetera ersetzen. Verfeinern können Sie die Sorbets, indem Sie statt Fruchtsaft z.B. Weißwein oder Sekt dazugießen.

1 Portion Apfelmostsüppchen: *ca. 260 kcal, 2 g Eiweiß (10E%), 1 g Fett (4E%), 44 g Kohlenhydrate (86E%). Dieses Hauptgericht liefert nur 62 kcal pro 100 g.*

1 Portion Ananas-Sorbet: *ca. 183 kcal, 5 g Eiweiß (10E%), 7 g Fett (35E%), 25 g Kohlenhydrate (55E%). Dieses Dessert liefert nur 81 kcal pro 100 g.*

DESSERTS: SÜSSES NACH LOGI-ART.

Aminosäuren: Kleinste Bausteine der Eiweiße.

Atkins-Diät: Älteste und extremste kohlenhydratarme Kostform. Basis sind Fleisch, Fisch, Eier, Fette. Obst und Gemüse spielen eine geringe Rolle. Getreide und Kartoffeln sind selten erlaubt.

Ballaststoffe: Unverdauliche Nahrungsbestandteile, die keine Energie liefern. Sie fördern eine reibungslose Verdauung, sorgen für eine lange Sättigung und halten den Blutzuckerspiegel konstant.

Blutzucker: Der im Blut frei schwimmende Traubenzucker (Glukose). Die Regulierung des Blutzuckerspiegels wird u.a. durch die Hormone Insulin (blutzuckersenkend) und seine Gegenspieler Glukagon und Adrenalin (blutzuckererhöhend) reguliert.

Blutzuckerspiegel: Die Konzentration von im Blut gelöster Glukose, der Speicherform der Kohlenhydrate. Der Blutzuckerspiegel wird durch die Art und Menge der Kohlenhydrate sowie die Nährstoffrelation in der Nahrung beeinflusst.

Cholesterin: Gehört zur Gruppe der Nahrungsfette. Cholesterin wird sowohl mit der Nahrung aufgenommen, als auch im Körper – vor allem in der Leber – gebildet. Man unterscheidet das »gute« HDL-Cholesterin, das die Arterien säubert, und das »schlechte« LDL-Cholesterin, das sich in den Arterien ablagert.

Diät: Leitet sich vom griechischen Wort »diaita« ab = Lebensweise. Der Begriff steht für eine Ernährungs- und Lebensweise zur Vorbeugung, Linderung oder Heilung ernährungsabhängiger Erkrankungen. Umgangssprachlich wird den Begriff meist im Sinne von »Reduktionsdiät« verwendet.

Eiweiße: Werden auch Proteine genannt. Als lebenswichtige Baustoffe für Gehirn-, Körper-, Blut-, Muskelzellen und viele mehr sind sie unverzichtbar!

Energie: Auch Brennwert genannt. Die Grundnährstoffe Kohlenhydrate, Fette und Eiweiße liefern Energie. Die Energiemenge wird in Kilojoule (kJ) oder Kilokalorien (kcal) angegeben.

Energiedichte: Gibt an, wie viele Kilokalorien ein Lebensmittel pro 100 Gramm liefert. Je mehr Kalorien, desto höher ist die Energiedichte des Lebensmittels. Die LOGI-Methode empfiehlt eine Energiedichte von 125 Kilokalorien pro 100 Gramm nicht zu überschreiten. Die Energiedichte ist bei jedem Gericht in diesem Buch angegeben.

Energieprozent: Gibt an, wie viel Energie Eiweiße bzw. Fette bzw. Kohlenhydrate zur Gesamtenergie eines Lebensmittels oder eines Gerichts beitragen. Der Energiebeitrag der einzelnen Nährstoffe ist bei jedem Gericht in diesem Buch angegeben (E%).

Energieumsatz: Die Menge Energie, die der Körper für die Aufrechterhaltung der Körperfunktionen und die Bewegung aufwenden muss. Umgangssprachlich oft als »Energieverbrauch« bezeichnet.

Enzyme: Sind aus Aminosäuren gebaute Katalysatoren, die die Stoffwechselreaktionen im Körper in Gang setzen oder beschleunigen.

Fette: Dazu zählen bei den Nahrungsfetten feste Fette wie z.B. Butter oder Schmalz und flüssige Fette: die Öle.

Fettsäuren: Die Bausteine der Nahrungsfette dienen in erster Linie als Energieträger. Je nach biochemischem Aufbau kann man gesättigte, einfach ungesättigte und mehrfach ungesättigte Fettsäuren unterscheiden.

GLOSSAR

EINIGE WICHTIGE BEGRIFFE.

Glykämische Last: Sie gibt die Kohlenhydratdichte eines Lebensmittels pro Portion (in Gramm) an. Dadurch stellt sie eine wichtige Weiterentwicklung des glykämischen Index dar und ist für die Ernährungspraxis aussagekräftiger.

Glykämischer Index: Gibt an, wie schnell die Kohlenhydrate eines Lebensmittels den Blutzucker nach dem Verzehr erhöhen.

GLYX-Diät: Methode zur Gewichtsreduktion, bei der Lebensmittel mit niedrigem glykämischem Index erlaubt sind, während solche mit hohem glykämischem Index gemieden werden sollten.

Harnsäure: Ein Stoffwechsel-Endprodukt, das beim Abbau von Purinen (Eiweißabbau-Produkte) entsteht und normalerweise über die Niere ausgeschieden wird. Wenn die Harnsäurewerte durch falsche Ernährung stark ansteigen, kann das jedoch zu Gicht führen.

Insulin: Dieses Speicherhormon des Körpers sorgt dafür, dass der Zucker aus dem Blut in die Körperzellen eintreten kann. Je höher der Blutzuckerspiegel ist, desto mehr Insulin wird benötigt. Viel Insulin führt auf Dauer zu verstärkter Depotfettbildung – es wird zum Mast-Hormon.

Insulinresistenz: Hierbei reagiert der Körper nicht mehr funktionsgemäß auf das körpereigene Insulin, es wird immer mehr Insulin benötigt, um den Blutzucker zu senken. Führt – insbesondere in Verbindung mit Übergewicht – zu Typ-2-Diabetes.

Insulinspiegel: Die Konzentration von Insulin im Blut. Er wird durch die Art und Menge der aufgenommenen Kohlenhydrate beeinflusst.

Jojo-Effekt: Die Gewichtszunahme nach einer Reduktionsdiät über das ursprüngliche Ausgangsgewicht hinaus.

Kalorien: Kilokalorien (kcal) sind die Einheit der Energie. Sie werden umgangssprachlich kurz als Kalorien bezeichnet.

Kohlenhydrate: Schnell verfügbare Energielieferanten. Man unterscheidet einfache Kohlenhydrate wie z.B. Traubenzucker (Glukose) und komplexe Kohlenhydrate wie z.B. Stärke.

Low-Carb: Der Begriff kommt aus dem Englischen, ist die Abkürzung für »low carbohydrates« (wenige Kohlenhydrate) und steht für eine kohlenhydratarme Ernährungsweise. LOGI ist eine sanfte Low-Carb-Variante.

Metabolisches Syndrom: Das gemeinsame Auftreten verschiedener, ernährungsbedingter Stoffwechselstörungen: erhöhte Blutfett-, Harnsäure- und Blutzuckerwerte sowie Übergewicht. Wird auch als »Syndrom X« oder das »tödliche Quartett« bezeichnet.

Nährstoffdichte: Beschreibt wie viele Nährstoffe ein Lebensmittel im Verhältnis zur Energie (kcal) enthält. Je höher die Nährstoffdichte, desto mehr lebenswichtige Vitamine, Mineralstoffe, Spurenelemente, sekundäre Pflanzenstoffe etcetera liefert das Lebensmittel.

Nährstoffe: Dazu zählen sowohl die energieliefernden Eiweiße, Fette und Kohlenhydrate wie auch die nicht energieliefernden Nahrungsbestandteile wie Ballaststoffe, Vitamine, Mineralstoffe und sekundäre Pflanzenstoffe.

Omega-3-Fettsäuren: Für den Menschen lebensnotwendige Fette mit vielen gesundheitsfördernden Eigenschaften. Unter anderem können sie aufgrund ihrer blutdrucksenkenden Wirkung zu einer Senkung des Arterioskleroserisikos beitragen und so die Herzgesundheit schützen. Sie sind vor allem in Makrele, Lachs, Hering und Thunfisch enthalten; Vorstufen auch in Raps-, Lein und Walnussöl zu finden.

Omega-6-Fettsäuren: In Maßen und im gesunden Gleichgewicht mit den Omega-3-Fettsäuren sind sie unverzichtbar. Bei zu hoher Konzentration haben sie allerdings nachteilige Wirkung auf den Stoffwechsel.

Stärke: Lange Ketten von Glukose-Molekülen, die im Verdauungsprozess einfach aufgespalten werden können.

Stoffwechsel: Auch als Metabolismus bezeichnet. Die Gesamtheit aller im Organismus ablaufenden chemischen Reaktionen, die dem Auf- und Abbau von Stoffen dienen, z.B. Verdauung, Elektrolyt- und Wasserhaushalt.

Zucker: Meist wird damit der Haushaltszucker (Saccharose) bezeichnet. Fachlich ist Zucker jedoch ein Überbegriff für verschiedene Kohlenhydratarten wie z.B. Glukose (Traubenzucker), Saccharose (Haushaltszucker), Laktose (Milchzucker) oder auch Stärke.

Franca Mangiameli bedankt sich ganz herzlich bei ihren Interview-Partnern!

Dr. Nicolai Worm
Ernährungswissenschaftler

Informationen über Nicolai Worm und LOGI:
www.nicolai-worm.de und www.logi-methode.de

Dr. med. Peter Heilmeyer
Ärztlicher Leiter der Reha-Klinik Überruh,
Fachklinik für Erkrankungen der Bewegungsorgane und Innere Medizin, Kardiologie, Krebsnachsorge, Pneumologie
88316 Isny im Allgäu
Telefon: 07562–75-0

Alle Informationen zur Klinik finden Sie auf der Homepage: www.rehaklinik-ueberruh.de

Dr. med. Klaus Döring
Facharzt für Innere Medizin und Sozialmedizin,
Bürgermeister-Jung-Weg 17, 35398 Gießen
Telefon: 0641–2501366
E-Mail: dr.klaus.doering@telemed.de

Dr. Petra Ambrosius
Diplom-Oecotrophologin
Studio für Ernährungsberatung
Sonnenberger Straße 100, 65193 Wiesbaden
Telefon: 0611–379736
E-Mail: info@dr-ambrosius.de

Weitere Informationen, Ernährungs-Programme und die Adressen weiterer Ernährungsberatungsstellen des Netzwerks von Frau Dr. Ambrosius finden Sie auf der Homepage: www.dr-ambrosius.de

Hinweis zu den Rezepten: Bei allen Rezepten finden Sie die konkreten Nährwertangaben pro Portion (Eiweiß, Fett und Kohlenhydrate in Gramm) sowie die Angaben, wie viele Energieprozent (E%) Eiweiße, Fette und Kohlenhydrate zu dem Gericht beisteuern. Die Gemüsemengen können Sie je nach Appetit beliebig erhöhen, die Mengenangaben geben nur das ideale Zutatenverhältnis wieder.

Alfons Schuhbeck

In München kocht Alfons Schubeck in seinen Südtiroler Stuben. Südtirol steht für eine lebensfrohe kulinarische Region, die schöne Schmankerl und Weine bietet, und Stuben steht für die freundliche bayerische Lebensart. Die Küche ist und bleibt im Charakter bayerisch, in den Ideen neu, im Stil modern und leicht, in der Zubereitung hochklassig. Es werden so viele heimische Produkte wie möglich verwendet. Alfons Schuhbeck: »Es gibt nix Besseres als was Guats. Und weil das Gute so nahe liegt, sind mir die Bauernente, der Saibling und das Weißkraut aus Bayern nun mal viel lieber als die große weite Welt, die sonst überall aufgekocht wird.«

Südtiroler Stuben
Am Platzl 6, 80331 München
www.schuhbeck.de
Reservierung erwünscht. Telefon (089) 2166900
Sonn- und feiertags ist das Restaurant geschlossen.

Vincent Klink

Die Wielandshöhe genießt Kult-Status. Hier wird nicht nur traditionell gekocht, aber wenn traditionelle Gerichte auf den Tisch kommen, dann modernisieren Klink und sein Team diese absichtlich nicht. Frei nach den Motti: »Es ist schön dem Zeitgeist zu folgen. Schöner ist es aber eine Antwort darauf zu haben.« »Maultasche muss Maultasche bleiben und da gehört kein Lachs oder sonstiger Zeitgeist hinein.«

Restaurant Wielandshöhe
Alte Weinsteige 71, 70597 Stuttgart-Degerloch
www.wielandshoehe.de
Reservierung erwünscht. Telefon (0711) 6408848
Sonntag und Montag Ruhetag.

Weitere Informationen finden Sie unter:
www.haeuptling-eigener-herd.de
www.swr.de/kochkunst
www.campus-culinaire.de

Christian Henze

Das Restaurant im Landhaus Henze ist mittlerweile weit über die Allgäuer Grenzen hinaus bekannt. Elf Köche und Helfer unter Regie der Küchenchefs Christian Henze und Frank Aldinger zaubern immer wieder neue kulinarische Köstlichkeiten – auf Wunsch auch LOGI-gerecht! In gemütlicher Atmosphäre, umsorgt von einem eingespielten Service erleben Sie vom Empfang bis zur Verabschiedung einen unvergesslichen Abend, einen kleinen Urlaub vom Alltag. Wer nach einem exzellenten Abendessen nicht mehr die Heimfahrt antreten möchte, kann in einem der neun Zimmer im familiär geführten Landhaus in idyllischer Umgebung übernachten.

Landhaus Henze
Wohlmutser Weg 2, 87463 Probstried
www.landhaus-henze.de
Reservierung erwünscht. Telefon (08374) 58320
Donnerstag ist Ruhetag, das angegliederte Hotel ist durchgehend geöffnet.

Andreas Gerlach

Schon sechs Jahre nach Eröffnung ist die mehrfach ausgezeichnete Gastronomie des Hotel-Restaurants Tandreas weit über die Grenzen Hessens hinaus bekannt. Genießen Sie in den niveauvollen Räumlichkeiten die kulinarischen, vielfältigen mediterranen Leckerbissen. Seit dem Jahr 2000 gehört Andreas Gerlach zu den »Jeunes Restaurateurs« aus acht europäischen Ländern, die sich der europäischen Küche im besonderen Maße verpflichtet fühlen. Die Qualität und Kreativität seiner Kochkunst werden Sie überzeugen – auf Wunsch können Sie sogar LOGI-gerecht genießen.

Tandreas
Licher Straße 55, 35394 Gießen
www.Tandreas-Giessen.de
Reservierung erwünscht. Telefon (0641) 94070
Sonntag ist Ruhetag.

LOGI STARS:
HIER KOCHEN STARS FÜR SIE

Redaktion: systemed Verlag, Lünen
Fotografie: Peter Lutz, Dortmund
Porträt Ralf Zacherl: Florian Bolk, Berlin
Porträt Vincent Klink: Eva Gensch
Foodstyling: Sabine Threimer, Castrop-Rauxel
Layout & Typografie: nutshell, München
Lithografie & Satz: nutshell, München
Druck: Griebsch&Rochol Druck GmbH & Co. KG, Hamm
ISBN: 978-3-927372-29-0

2. Auflage

systemed®